과학으로 보는
문화유산

일러두기

1. 문화유산은 홑꺾쇠 〈 〉로, 책명은 겹꺾쇠 《 》로 묶었다.
   문화재 명칭은 ‘지명(행정구역명/유적지명)+문화재명’ 순으로 기재하였다.
2. 직접인용 문구는 겹따옴표 “ ”로, 간접인용과 혼잣말, 강조 문구는 홑따옴표 ‘ ’로 표기했다.
3. 인명, 지명은 외래어 표기법을 따랐고, 관용적으로 사용되는 이름과 용어는 그대로 표기했다.

유물의
표정을 밝히는
보존과학의 세계

과학으로 보는 문화유산

신은주 지음

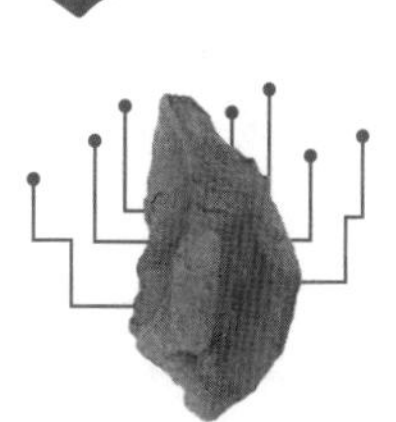

주먹도끼에서
반도체까지
미래를 꿈꾸는
문화유산

초록비책공방

프롤로그

문화유산을 보면 어떤 것이 보이나요?

대한민국의 역사는 '석기시대→청동기시대→철기시대→삼국시대→통일신라·발해시대→고려시대→조선시대→근·현대' 순으로 되어 있다. 앞에는 도구의 재료가 등장하다가 뒤에는 나라 이름이 갑자기 툭 튀어나온다. 그렇다면 우리는 지금 어느 시대를 살고 있을까? 현대의 철기시대? 플라스틱시대?

도구의 명칭이 들어 있는 시대 구분에서 철기가 마지막 시대에 위치하고 있다. 한반도에서 철은 기원 전후부터 사용하기 시작했고 19세기 이후에는 플라스틱, 반도체 등 신소재가 많이 개발되어 사용되고 있다. 그러면 우리는 2,000년 전에 시작된 그때와 같은 철기시대에 살고 있는 것일까? 철기를 대체할 소재는 아직 없는 것일까? 시대 구분만 보아도 역사를 어떤 시선으로 바라보는지 알 수 있다.

인류는 주변 환경에 끊임없이 적응하며 진화해왔다. 돌을 떼거나 갈아 도구를 만들어 사용한 사냥과 채집 생활에서 혁명이라고 불릴 만큼의 농경 생활은 수백만 년에 걸쳐 매우 천천히 이루어졌다. 불을 발견하고도 200만 년이 지나서야 불을 이용하는 단계로 들어선 것을 보면 재료를 발견하고 받아들여 완벽하게 이용하는 과정이 쉽지만은 않았을 거라 짐작된다.

석기시대 이후 인류는 청동과 철이라는 재료를 발견해 수많은 도전과 실패를 거듭하며 필요한 도구를 만들어 나갔다. 재료의 발견은 우연일지 모르겠으나 성질을 알아내어 기술로 녹여낸 것은 인간의 창의성에 의한 결과이다.

문명의 탄생과 발전의 중심에는 '재료'가 있다. 자연 그대로의 재료를 '이용하는' 삶에서 '만드는' 삶으로의 전환은 미래를 꿈꾸게 하였고 지금의 우리를 만들었다. 지구상의 다양한 재료를 이용하다가 이제는 자연에 존재하지 않는 플라스틱과 같은 고분자 물질을 만드는 시대가 된 것이다.

무수히 흐른 시간이 고스란히 담겨 그 시간을 증명한 것이 '문화유산'이다. 선조의 정신과 기술이 담긴 문화재를 현재뿐 아니라 미래 세대에 전해주는 것이 '문화재 보존과학'의 역할이다. 박물관에 전시된 유물들을 자세히 들여다보면 인류의 모든 것이 담겨 있다고 해도 과언이 아니다. 보기에는 그저 흔한 돌덩어리 같지만 수많은 설계와 공정을 거쳐 만들어진 석기, 주변에서 쉽게 구할 수 있는 흙이지만 절대 혼자서는 만들 수 없는 토기와 도자기, 살아서 천 년을 견디고 도구로서 생을 다하고도 남아 있는 목재, 아무나 가질 수 없던 금속, 인류의 행보를 기록했던 지류, 아름다움을 담아 삶을 풍요롭게 한 회화 작품 등 수많은 재료 속에 인류의 행적이 담겨 있다.

역사서나 문화유산 등을 통해 비어있는 부분을 퍼즐 조각 맞추듯 찾아가는 과정이 '역사'라고 한다면 '보존과학'은 그 과정에서 퍼즐 조각의 진짜 위치를 확인하는 것이다. 이를 증명하려면 인류의 삶을 이끌었던 재료를 관찰해야 한다. 시간의 순서대로 역사를 바라보는 것이 일반적이었다면 지금까지 보아왔던 시선을 살짝 비틀어 과학의 눈으로 한국사를 살펴보자.

차례

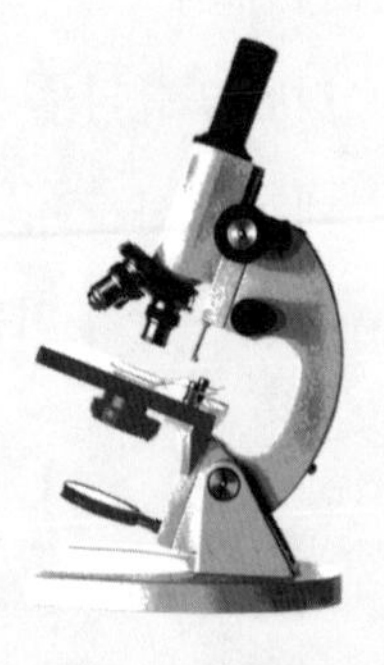

2부. 토기, 도자기, 유리

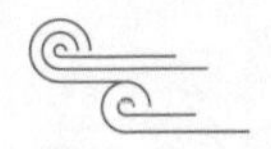

3부. 목재

4부. 지류, 직물, 회화, 벽화, 보존환경

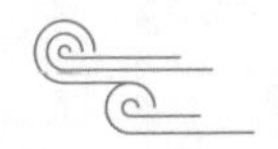

5부. 석조

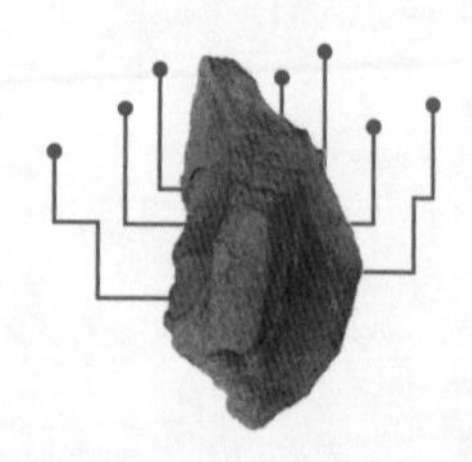

6부. 미래에 남겨줄 우리의 유산

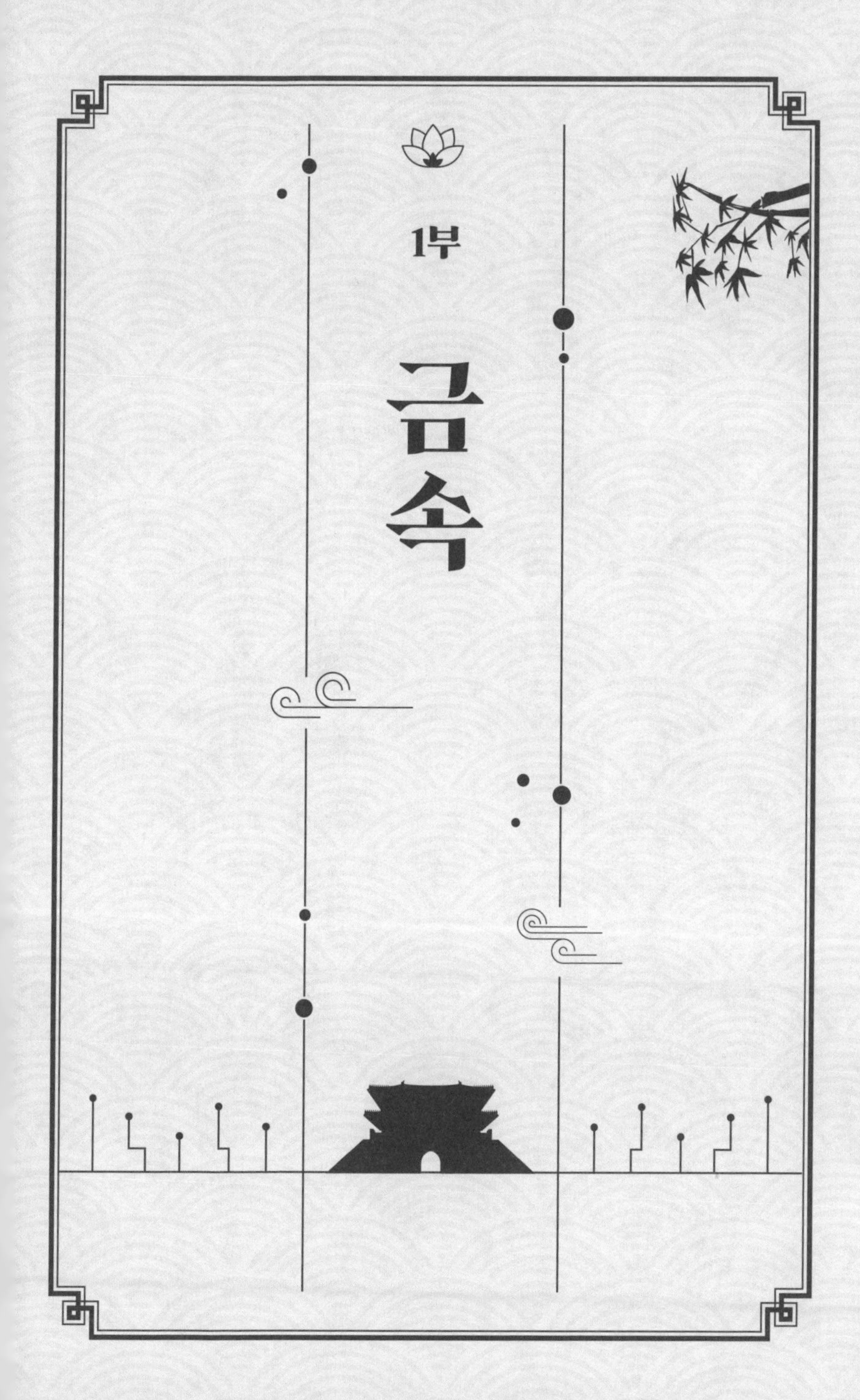

1부

금속

◦ 〈경주 보문동합장분 금귀걸이〉©국립중앙박물관

이 조그마한 금 알갱이는 몇 K인가요?

신라의 금 귀걸이 : 제작 기법, 성분 분석

인류가 가장 사랑한 금속, 금

금Au, 은Ag, 백금Pt을 비롯해 고급 자동차의 점화플러그로 쓰이는 이리듐Ir, 펜촉의 재료가 되는 오스뮴Os, 충치 씌우개에 쓰이는 팔라듐Pd 등 활용도 높고 반짝거리는 귀금속이 이렇게도 많지만 인류가 사랑했고 지금도 가장 사랑하는 재료를 꼽으라면 단연 '금'이 아닐까?

가장 귀하고 희귀한 금속인 금은 지금까지 최고의 자리를 차지하고 있다. 과연 금은 어떤 금속일까?

표 준 주 기 율 표

Periodic Table of the Elements

표기법:

원자 번호
기호
원소명(국문)
원소명(영문)
일반 원자량
표준 원자량

1	2	3	4	5	6	7	8	9	10	11	12	13	14	15	16	17	18
1 **H** 수소 hydrogen 1.008 [1.0078, 1.0082]																	2 **He** 헬륨 helium 4.0026
3 **Li** 리튬 lithium 6.94 [6.938, 6.997]	4 **Be** 베릴륨 beryllium 9.0122											5 **B** 붕소 boron 10.81 [10.806, 10.821]	6 **C** 탄소 carbon 12.011 [12.009, 12.012]	7 **N** 질소 nitrogen 14.007 [14.006, 14.008]	8 **O** 산소 oxygen 15.999 [15.999, 16.000]	9 **F** 플루오린 fluorine 18.998	10 **Ne** 네온 neon 20.180
11 **Na** 소듐 sodium 22.990	12 **Mg** 마그네슘 magnesium 24.305 [24.304, 24.307]											13 **Al** 알루미늄 aluminium 26.982	14 **Si** 규소 silicon 28.085 [28.084, 28.086]	15 **P** 인 phosphorus 30.974	16 **S** 황 sulfur 32.06 [32.059, 32.076]	17 **Cl** 염소 chlorine 35.45 [35.446, 35.457]	18 **Ar** 아르곤 argon 39.95 [39.792, 39.963]
19 **K** 포타슘 potassium 39.098	20 **Ca** 칼슘 calcium 40.078(4)	21 **Sc** 스칸듐 scandium 44.956	22 **Ti** 타이타늄 titanium 47.867	23 **V** 바나듐 vanadium 50.942	24 **Cr** 크로뮴 chromium 51.996	25 **Mn** 망가니즈 manganese 54.938	26 **Fe** 철 iron 55.845(2)	27 **Co** 코발트 cobalt 58.933	28 **Ni** 니켈 nickel 58.693	29 **Cu** 구리 copper 63.546(3)	30 **Zn** 아연 zinc 65.38(2)	31 **Ga** 갈륨 gallium 69.723	32 **Ge** 저마늄 germanium 72.630(8)	33 **As** 비소 arsenic 74.922	34 **Se** 셀레늄 selenium 78.971(8)	35 **Br** 브로민 bromine 79.904 [79.901, 79.907]	36 **Kr** 크립톤 krypton 83.798(2)
37 **Rb** 루비듐 rubidium 85.468	38 **Sr** 스트론튬 strontium 87.62	39 **Y** 이트륨 yttrium 88.906	40 **Zr** 지르코늄 zirconium 91.224(2)	41 **Nb** 나이오븀 niobium 92.906	42 **Mo** 몰리브데넘 molybdenum 95.95	43 **Tc** 테크네튬 technetium	44 **Ru** 루테늄 ruthenium 101.07(2)	45 **Rh** 로듐 rhodium 102.91	46 **Pd** 팔라듐 palladium 106.42	47 **Ag** 은 silver 107.87	48 **Cd** 카드뮴 cadmium 112.41	49 **In** 인듐 indium 114.82	50 **Sn** 주석 tin 118.71	51 **Sb** 안티모니 antimony 121.76	52 **Te** 텔루륨 tellurium 127.60(3)	53 **I** 아이오딘 iodine 126.90	54 **Xe** 제논 xenon 131.29
55 **Cs** 세슘 caesium 132.91	56 **Ba** 바륨 barium 137.33	57-71 란타넘족 lanthanoids	72 **Hf** 하프늄 hafnium 178.49(2)	73 **Ta** 탄탈럼 tantalum 180.95	74 **W** 텅스텐 tungsten 183.84	75 **Re** 레늄 rhenium 186.21	76 **Os** 오스뮴 osmium 190.23(3)	77 **Ir** 이리듐 iridium 192.22	78 **Pt** 백금 platinum 195.08	79 **Au** 금 gold 196.97	80 **Hg** 수은 mercury 200.59	81 **Tl** 탈륨 thallium 204.38 [204.38, 204.39]	82 **Pb** 납 lead 207.2	83 **Bi** 비스무트 bismuth 208.98	84 **Po** 폴로늄 polonium	85 **At** 아스타틴 astatine	86 **Rn** 라돈 radon
87 **Fr** 프랑슘 francium	88 **Ra** 라듐 radium	89-103 악티늄족 actinoids	104 **Rf** 러더포듐 rutherfordium	105 **Db** 두브늄 dubnium	106 **Sg** 시보귬 seaborgium	107 **Bh** 보륨 bohrium	108 **Hs** 하슘 hassium	109 **Mt** 마이트너륨 meitnerium	110 **Ds** 다름슈타튬 darmstadtium	111 **Rg** 뢴트게늄 roentgenium	112 **Cn** 코페르니슘 copernicium	113 **Nh** 니호늄 nihonium	114 **Fl** 플레로븀 flerovium	115 **Mc** 모스코븀 moscovium	116 **Lv** 리버모륨 livermorium	117 **Ts** 테네신 tennessine	118 **Og** 오가네손 oganesson

57 **La** 란타넘 lanthanum 138.91	58 **Ce** 세륨 cerium 140.12	59 **Pr** 프라세오디뮴 praseodymium 140.91	60 **Nd** 네오디뮴 neodymium 144.24	61 **Pm** 프로메튬 promethium	62 **Sm** 사마륨 samarium 150.36(2)	63 **Eu** 유로퓸 europium 151.96	64 **Gd** 가돌리늄 gadolinium 157.25(3)	65 **Tb** 터븀 terbium 158.93	66 **Dy** 디스프로슘 dysprosium 162.50	67 **Ho** 홀뮴 holmium 164.93	68 **Er** 어븀 erbium 167.26	69 **Tm** 툴륨 thulium 168.93	70 **Yb** 이터븀 ytterbium 173.05	71 **Lu** 루테튬 lutetium 174.97
89 **Ac** 악티늄 actinium	90 **Th** 토륨 thorium 232.04	91 **Pa** 프로트악티늄 protactinium 231.04	92 **U** 우라늄 uranium 238.03	93 **Np** 넵투늄 neptunium	94 **Pu** 플루토늄 plutonium	95 **Am** 아메리슘 americium	96 **Cm** 퀴륨 curium	97 **Bk** 버클륨 berkelium	98 **Cf** 캘리포늄 californium	99 **Es** 아인슈타이늄 einsteinium	100 **Fm** 페르뮴 fermium	101 **Md** 멘델레븀 mendelevium	102 **No** 노벨륨 nobelium	103 **Lr** 로렌슘 lawrencium

화학 시간에 만나는 '주기율표'*는 원자량**에 따라 원소를 배열해 놓은 표이다. 과학자들은 원소들이 주기적으로 반복되는 특성이 있어서 물리·화학적 성질이 비슷하다는 것을 발견하였다. 가로줄은 '주기', 세로줄은 '족'이라고 한다. 같은 수의 전자껍질을 가지고 있는 가로줄의 원소들은 아랫줄일수록 전자껍질이 두껍고 밀도가 낮아져 무르게 된다. 세로줄 족의 원소들은 최외각 전자 수가 같아 물리·화학적 성질이 비슷하다. 금Au, 은Ag, 동cu(구리)은 모두 11족으로 공기 중에도 쉬이 변하지 않는 안정적인 성질이 있다. 이런 안정성 덕분에 시간이 지나도 가치가 변하지 않아 예로부터 인류는 이 금속을 화폐로 이용했다.

농경이 시작되어 생산력이 높아지고 남는 물자가 생겼을 때, 인류는 남은 물자를 서로 교환하였다. 그때 '내가 가진 것과 저 사람이 가진 것이 비슷한가?' 하는 의구심이 든다면 교환은 이루어지지 않는다. 가치의 기준이 다르면 물물교환은 이루어질 수 없다. 이러한 문제를 해결한 것이 '금'이다. '내가 가진 금과 저 사람이 가진 금은 항상 같다' 이것이 아주 중요한 포인트이다. 금은 녹슬거나 변하지 않기에 금으로 만든 화폐를 기준으로 삼아 가치를 가늠한 것이다.

---

* 지금까지 발견된 원소는 1번 수소(H)에서 118번 오가네손(Og)까지이다. 자연계에 존재하는 원소는 92번 우라늄(U)까지, 그 이후는 인공적으로 만들어진 원소이다. 초우라늄 원소인 93번 네트륨(Np), 94번 플루토늄(Pu) 등은 아주 미량이 자연계에 존재한다고 알려졌다. ©대한화학회

** 물질을 이루는 가장 기본 단위인 원소를 이루는 원자의 평균 질량.

그렇다면 금은 왜 변하지 않을까? 또 어디에서 구할 수 있을까? 보통 금속은 산소와 결합한 산화물 형태로 존재하기 때문에 '순수한 상태'가 아니다. 순수 금속을 얻어내려면 광석을 용광로에 넣어 산소나 다른 원소와 분리하는 제련, 추출한 금속의 불순물을 제거하여 순도 높은 금속으로 만드는 정련 등 몇 가지 까다로운 공정을 거쳐야 한다. 그러한 과정을 거쳐 순수한 상태로 만들었다 해도 공기 중의 산소와 계속 반응(산화)해 자연에 존재했던 상태, 즉 산화물 형태로 돌아가려는 성질(환원)이 있다. 하지만 금은 다른 금속처럼 산화·환원 반응이 잘 일어나지 않는 안정된 상태이기에 그 형태와 빛을 유지할 수 있다. 그렇다고 해서 금이 덩어리 형태로 우리가 발견하기를 기다리고 있는 건 아니다. 앞서 말했듯이 금이 귀한 금속인 이유가 있다. 이는 금이 만들어지는 과정을 살펴보면 알 수 있다.

인류가 이용할 수 있는 원소나 광물이 땅에 묻혀있는 것을 '광상'이라고 하는데 만들어지는 원리에 따라 화성 광상, 퇴적 광상, 변성 광상으로 구분된다. 이중 '화성 광상'은 마그마가 식으면서 만들어진 화성암으로 구성되어 있다. 마그마가 지하에서 굳으면 심성암, 화산 등을 통해 지표면으로 분출되면 화산암이라고 하는데, 화산암은 제주도와 같이 화산이 일어난 곳에서 쉽게 볼 수 있는 현무암이 대표적이고 신성암은 고대부터 석탑 등의 재료로 사용된 화강암이 이에 속한다.

'퇴적 광상'은 암석이 눈, 비, 바람 등으로 풍화 또는 침식되어 쌓이는 퇴적작용으로 만들어지고, '변성 광상'은 암석이나 광상이 높은 열이나 압력으로 변성작용을 받아 만들어진다. 이는 금을 채취하는 것과 관련이 있다.

금은 산에서 나오는 산금과 강에서 나오는 사금이 있다. 산에서 채굴하는 '산금'은 화성 광상으로 무거워 지하에 가라앉아 굳어진 심성암에 속하며 석회암이 닿는 경계 지역의 틈새에서 찾을 수 있다. 퇴적 광상에 속하는 '사금'은 화성 광상으로 만들어진 산금이 아주 오랜 시간에 걸쳐서 이동, 물의 속도가 느려지는 강바닥에 퇴적된 것을 말한다. 고대에는 암석 사이에서 채굴을 통해 얻어지는 산금보다는 간단한 도구로 채취가 가능한 사금을 이용하여 금제품을 만들었을 것이다. 현대의 기술로도 찾기 어려운 광산 깊숙이 들어 있는 산금을 고대에는 채굴하기 쉽지 않았을 것이다.

아무나 가질 수 없는 금속

연구에 따르면 경주 주변의 사금 산출지에서 일반 성인이 온종일 금을 채취하면 0.5g 정도 얻을 수 있다고 한다. 과거에는 현재보다 하천 폭이 넓어 산으로부터 퇴적되어 만들어진 사금의 양이 지금보다 많았다고 한다. 하지만 채취한 사금은 모래와 섞여 있어 이를 분리하려면 많은 노동력이 필요했다. 이런 연유로 명나라가 금을 공물로 요구하자 세종대왕은 전국의 금·은 광산을 폐쇄하고 도리어 명나라에서 금과 은을 수입했다는 기록이 남아있다. 사금을 채취하기 위한 백성의 노동력 손실과 금의 유출을 우려했기 때문이다.

조선 초에는 금과 은이 매장된 광산 채굴을 국가에서 철저하게 관리하고 통제하였다. 하지만 17세기에 들어서면서부터는 민간에게 허용하되 세금을 징수하는 '설점수세제'를 시행하였다. 설점수세제는 생산지를 나라가 설점(광산 및 부대시설 등을 설치)하고, 채굴할 이를 따로 모집하여 채굴한 다음 차후에 세금을 거두는 방식이다. 채굴은 목숨을 걸어야 할 정도로 힘든 부역이라 이를 거부하는 백성이 늘자 만든 정책이었다. 광산 채굴을 철저하게 관리하고 운영했던 것을 보면 금과 은은 아무나 소유할 수 없게 권력에 의해 통제되었음을 알 수 있다.

그러나 18세기 말에는 금광 개발이 활발해지면서 전문적인 경영가인 '덕대'가 등장하고 물주의 자본을 기반으로 광부와 제련 노동자가 분업화되어 고용되는 양상을 보인다. 금 채굴에 큰 비용과 노동력이 들지만 그에 비해 얻는 양은 많지 않았다. 이런 희소성 때문에 19세기 후반 미국 등 서구 열강은 앞다투어 우리 땅의 자원을 차지하기 위한 야욕을 드러냈고 일제강점기에 일본은 엄청난 양의 금을 수탈해갔다. 아무나 가질 수 없는 귀한 금속인 금은 오늘날에도 전 세계가 인정하는 가치 수단이며 이를 기준으로 국제무역 또한 이루어지고 있다.

블링블링 신라

고대 국가 중 가장 화려한 황금 문화를 꽃피운 건 신라였다. 이러한 사실이 알려지게 된 것은 아이러니하게도 일제강점기인 1921년 경주 〈금관총〉 금관을 비롯한 황금 유물이 출토되면서부터다. 이를 시작으로 1973년 '경주고도 개발 사업'이 추진되고 〈천마총〉, 〈황남대총〉 등이 차례로 발굴되면서 '황금의 나라, 신라'의 실체가 드러나기 시작했다.

전 세계적으로 고대 금관은 14점이 전해지고 있는데, 그중 10점이 한반도에서 나온 것으로 보고 있다. 〈황남대총(북분)〉, 〈금관총〉, 〈서봉총〉, 〈천마총〉, 〈금령총〉에서 발굴한 금관과 도굴되었다가 국가에서 압수한 〈교동 금관〉 총 6점이 신라의 것이다. 제작 기법이나 양식 등으로 보아 신라 혹은 가야에서 제작된 금관으로 추정되는 호림박물관이 소장한 금관 1점, 〈가야 금관〉*으로 알려진 리움미술관의 금관과 일본 도쿄국립박물관에 소장된 오구라 컬렉션**의 금관, 고구려의 금관***으로 알려진 북한 평안남도 〈강서군 금관〉이라 전하는 1점, 이렇게 10점이다(백제

* 경상북도 고령군에서 출토되었다고 알려져 있다. 리움미술관 소장.

** 오구라 다케노스케가 일제강점기에 수집한 한국 문화재 컬렉션을 일컫는 말. 1920년대부터 문화재를 광범위하게 수집, 1,000점 이상을 일본으로 반출했다. 현재 오구라 컬렉션은 도쿄국립박물관 등에서 소장하고 있다. 창녕 출토 금동 유물과 〈금관총〉 출토 유물도 포함되어 있다.

*** 다른 고분 발굴에서 관대나 금제관식 등이 출토되는 것으로 보아 고구려도 금관이 존재했다고 추정할 수 있다.

◦ 국립경주박물관 금귀걸이 전시 사진

는 〈무령왕릉〉에서 금제 관식이 출토되어 금관이 있었을 것으로 추정되지 만 실체는 아직 파악되지 않았다).

고구려, 백제에 비해 늦었지만 신라는 4세기 중반 마립간 시대에 들어서면서 고대 국가로서의 면모를 갖추기 시작했다. 이 시기에 나타나는 '돌무지덧널무덤(적석목곽묘)'은 신라만의 독특한 무덤 구조로 도굴 피해를 거의 입지 않았다. 지하 또는 지상에 덧널을 짜 놓고 그 속에 널과 부장품을 넣은 후 돌을 쌓아 올리고 그 위를 흙으로 덮는 양식으로, 도굴을 시도하는 순간 쌓여 있는 돌이 무너져 내리기 때문이다. 그 덕분에 거대한 봉분의 무덤 속에 금, 은, 금동, 유리 등으로 만들어진 장신구와 유리잔 등이 출토될 수 있었다.

이 조그마한 알갱이는 몇 K(캐럿)일까?

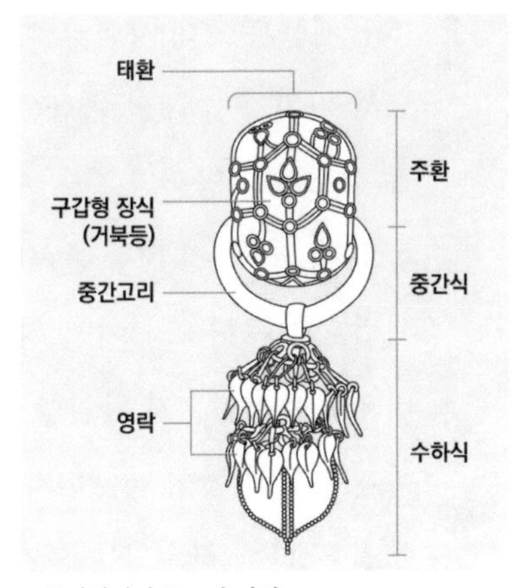

◦ 금귀걸이의 구조와 명칭

국립경주박물관 전시실에 들어서면 금으로 만든 화려한 문화재에 눈이 휘둥그레질 것이다. 삼국 시대 금귀걸이 중 최고의 명품으로 꼽히는 〈경주 보문동 합장분 출토 금귀걸이〉는 1962년 국보로 지정되었다. 거북이 등껍질을 연상시키는 굵은 고리인 '태환'에 타원형의 중간 고리를 연결하고, 아래로 늘어뜨린 수하식에는 금실을 꼬아 나뭇잎 혹은 하트 모양으로 만든 '영락'을 만들어 촘촘히 달았다. 이는 조그마한 금 알갱이나 가는 금실을 금속 바탕에 붙여 섬세한 무늬를 표현하는 '누금세공기법'으로 신라 공예 기술의 정수이자 걸작으로 평가한다. 누금세공기법은 특히 신라에서 크게 성행했다(백제 〈무령왕릉〉 금귀걸이에 누금 세공 기법이 보이지만 고구려 유물은 아직 출토된 사례가 보고되지 않았다).

[국립중앙박물관]
삼국시대 금귀걸이로 알아보는 누금기법

역사와 과학 기술의 만남

금제품은 고대 사회의 성격과 문화를 규명할 수 있는 문화재로서 가치가 높다. 금제품의 순도를 분석하고 형태와 제작기법을 연구하면 당시의 기술 수준도 파악할 수 있다. 금제품에 대한 분석은 'X-선 형광 분석법X-ray fluorescence, XRF'이 이용된다. 이 분석법으로 문화재가 어떤 원소로 구성되어 있으며 어느 정도의 비율로 들어있는지 확인할 수 있다. 비파괴 검사가 가능해서 문화재 분석에 많이 이용된다.

금은 다른 금속과는 불가능하지만 은과는 합금이 가능하다. 자연 상태에서도 금에 은이 포함되어 있기도 하다. 고대인들은 이를 알고 제작하는 목적에 따라 금의 강도를 높이고자 할 때 은을 첨가했다. 따라서 금과 은의 함량을 조사하면 금제품의 순도를 분석할 수 있다.

〈경주 보문동합장분 출토 금귀걸이〉의 금 조성비를 부분별로 조사한 결과 왼쪽 귀걸이 태환은 금 93.58%, 은 5.77%, 구리 0.58%로 22.4K*이고, 중간고리는 금 93.63%, 은 5.42%, 구리 0.83%로 22.4K, 수하식은 금 97.32%, 은 1.31%, 구리 1.24%로 23.4K, 하트모양 장식은 금 97.29%, 은 0.87%, 구리 1.74%

* 금의 순도를 나타내는 단위, K(캐럿, Karat)이다. 캐럽(Carob) 나무 씨앗의 무게가 0.2g으로 일정해서 이 캐럽 씨앗을 기준 삼아 중량을 측정했다는 설이 유력하다. 어른의 손으로 잡을 수 있는 캐럿의 열매가 총 24개여서 100% 순도의 금이 24K가 되었다고 한다.

로 23.3K로 분석되었다. 각 부문별 금 함량의 차이는 있지만 거의 비슷하다.

지금까지의 연구에 따르면 〈경주 보문동합장분 출토 금귀걸이〉는 '금랍법'으로 제작된 것으로 확인되었다. 누금을 하는 방법에는 금랍법, 구리확산법, 용접법이 있는데 '금랍법'은 땜납의 일종으로 금과 은을 합금하여 1,000℃ 이상으로 녹이면 순도가 낮은 합금이 먼저 녹으면서 금 알갱이가 접합되는 방법이다.

'구리확산법'은 화학반응을 이용한 것으로 구리와 산소의 화합물인 산화구리를 아교와 같은 접착제와 혼합하여 다시 가열하면 접착제는 탄화되고 850℃ 정도에서 산화구리가 금속 구리로 환원되는 방법이다. 고대 유럽이나 서역에서는 이미 오래 전부터 사용된 방법이지만 우리나라에서는 매우 드물게 나타난다. 금 알갱이 사이에 접합면이 작고 둥그런 형태가 잘 남아 있으며 미세 성분 분석으로 구리가 검출된다. 구리확산법으로 제작된 것으로 확인된 장신구는 〈평양 석암리 금제 띠고리 장식〉이다.

'용접법'은 금제품에 금알갱이를 붙일 때 별도의 매개물을 사용하지 않고 순간적으로 고온을 가해서 접합하는 방법이다. 이 방법은 금립(금으로 만든 쌀알같이 작고 둥근 알갱이)을 접합하기 위

[국립경주박물관]
〈경주 보문동합장분 출토 금귀걸이〉 조사·분석

◦ 한반도에서 출토된 누금세공기법으로 제작된 가장 오래된 장신구, 〈평양 석암리 금제 띠고리〉 평안남도 대동군 석암리 9호분에서 출토된 낙랑 유물. 피장자의 배 부근에서 발견된 것으로 보아 허리띠에 사용한 고리로 확인된다. ©국립중앙박물관

한 땜의 흔적이 없고 금립의 형태가 대체로 일정하여 접합 부분이 균일하다는 특징이 있다. 용접법이 사용된 예는 경주시 황남동 〈경주 계림로 고분군〉에서 출토된 〈경주 계림로 보검〉이 있는데 이러한 기법은 신라의 것이라고 하기에는 출토된 예가 없다. 다만 러시아 에르미타주 박물관이 소장한 〈카자흐스탄 보로보에 출토품 보검〉과 형태가 유사하다. 〈경주 계림로 보검〉은 외래 금제품으로 신라와 대륙 간 문화 교류가 활발했다는 사실을 확인할 수 있다.

금으로 만들어진 물건은 사용하다가 본래 기능을 상실하더라도 버리지 않고 녹여서 다른 형태로 만들 수 있다. 이런 변하지 않는 가치와 희소성으로 인해 금은 꾸준히 사용되었다. 어쩌면 지금 여러분 손가락에 끼워진 금반지가 신라의 귀족이 사용했던 금귀걸이였을지도 모를 일이다.

◦ 〈경주 계림로 보검〉 ©국립경주박물관

X-선 형광 분석법

X-선을 이용하여 물질을 구성하는 원소의 종류와 양을 측정하는 대표적인 비파괴 분석 방법으로 문화유산을 손상하지 않고 분석할 수 있어 금속, 토기, 도자기, 안료, 유리, 석조 등의 재질에 다양하게 이용된다. 1895년 독일의 과학자 뢴트겐Wilhelm Conrad Röntgen에 의해 발견되었는데 정체를 알 수 없다는 의미의 X를 붙여 X-선이라는 이름을 가지게 되었다.

X-선을 쏘면 유물을 이루고 있는 원자 껍질의 전자가 들뜨게 되면서 전자가 빛을 내는 '형광 현상'과 빛을 흡수하면서 원자가 전자를 방출하는 '광이온화 현상'이 일어나게 된다. 이때 방출되는 X-선을 '특성 X-선'이라 하고 전자가 이동하면서 생기는 에너지 값의 차이를 구해 원소의 종류를 알아내는 것이다. 동시에 다양한 원소를 짧은 시간 안에 분석할 수 있다는 장점이 있다.

일반적으로 분석 방법은 원소의 종류를 알아내는 정성 분석과 원소의 양을 알아내는 정량 분석으로 크게 나뉜다. 문화유산이 어떤 물질로 얼마만큼 구성되었는지를 규명하는 것은 당시의 제작 방법과 기술력을 알아볼 수 있는 중요한 일로 우리 선조들이 어떠한 삶을 살아왔는지를 이야기해주는 하나의 통로이다.

[국립경주박물관]
박물관의 보존과학 : X-선 형광 분석

◦ 강원도 양양군 강현면 정암리에서 발견된 잔무늬거울 ©국립중앙박물관

청동의 두 얼굴

청동 거울 : 금속의 부식 및 산지 추정

이게 거울이라고요?

박물관 관람객들이 제일 많이 고개를 갸우뚱하며 서 있는 곳, 바로 청동 거울 앞이다. 유물 설명 카드에는 분명 청동 거울이라고 되어 있는데 둥근 모양 말고는 거울과 비슷한 구석을 찾아볼 수 없다. 청동 거울을 '거울'이라고 느낄 수 없는 이유는 얼굴을 비추어보는 앞면이 아니라 뒷면이 보이게 전시되어 있기 때문이다. 앞면은 거울의 기능을 위해 매끄럽게 다듬었기 때문에 별다른 특징이 없다. 반면 뒷면에는 여러 가지 문양을 새겨 넣어 장식했기에 독특한 문양과 형태를 지닌 뒷면이 보이게 한 것이다. 그것 말고도 거울이라고 느낄 수 없는 이유는 또 있다.

◦ 화순 대곡리 출토 청동 거울

은백색으로 반짝반짝 빛이 나고 비추면 얼굴이 보여야 하는데 표면이 푸른색으로 뒤덮여있어 '이게 거울이라고?'를 반문하는 것이다. 고고학자들은 왜 이것을 거울이라고 하는 걸까? 이 답을 찾기 위해서는 청동이 지닌 두 얼굴을 알아야 한다.

구석기시대에 불을 발견한 후 인류는 추위와 어둠, 위험으로부터 생명을 지킬 수 있었다. 수렵과 채집을 하던 이동 생활에서 벗어나 농사를 시작하였고 불을 이용하여 토기 등을 제작하게 되면서 삶의 모습이 달라졌다. 농경이 본격화되자 잉여 생산물이 생겨났고 자연스럽게 계급이 생겼다. 생존만을 추구하다가 부족 사회가 만들어진 후부터는 여러 문제가 생겼고 이 문제를 해결할 수 있는 지혜로운 우두머리가 부상하게 되었다. 부족의 지도자이자 제사장인 '샤먼'이 등장한 것이다. 샤먼이 하늘과 부족을 이어주는 특별한 존재였다는 것은 거대한 규모의 고인돌과 그 속에 함께 묻힌 청동기를 통해 짐작해볼 수 있다.

새로운 시대를 연 금속

인류는 어떻게 청동을 발견하고 사용하게 되었을까? 지금까지 고고학적 발견과 연구 성과를 토대로 약간의 상상력을 발휘해보자.

신석기시대 어느 작은 마을, 농사가 잘되어 수확물이 많아지자 이를 저장할 토기가 많이 필요했다. 마을 사람들은 토기를 굽기로 했다. 이때 우연히 토기를 굽던 화덕 옆에 푸르스름한 색깔의 단단해 보이는 돌덩어리 하나가 있었다. 토기를 다 굽고 나서 보았더니 이 돌덩어리가 반짝이는 게 아닌가. 무엇일지 모르는 두려움에 마을 사람들은 마을의 우두머리인 샤먼에게 가져다주었다. 그가 돌로 이리저리 두들기자 마법이 일어난 듯 모양이 바뀌었다. 이것이 바로 '구리'이다. 인류가 가장 처음 접한 금속인 구리는 열을 가하면 액체처럼 변하고 이때 다른 돌과 함께 넣으면 불그스름한 색에서 은백색으로 변한다. 바야흐로 청동기의 시대가 열린 것이다.

청동은 구리에 주석을 합금한 것으로 구리를 발견하고도 청동이 나오기까지는 오랜 시간이 걸렸다. 구리는 늘어나는 성질인 연성과 펴지는 성질인 전성이 좋아 원하는 모양으로 쉽게 가공할 수 있다. 하지만 강도가 약해 잘 부서진다. 이때 다른 재료를 섞으면 새로운 성질을 가진 단단한 금속이 만들어진다.

하루에도 몇 번씩 전쟁을 치르던 고대에 청동기 제작 기술은 부족의 생존을 좌우했다. 청동이라는 재료로 만든 날카로운 무기가 적의 심장에 파고들면 백전백승이었다. 구리보다는 철이 더 단단하고 사용하기 좋았을 텐데, 인류가 최초로 이용한 금속은 왜 청동이었을까? 그것은 구리가 녹는 온도에 비밀이 있다. 철을 녹이려면 1,538℃까지 온도를 높여야 하지만 구리는 그보다 낮은 1,085℃에서 녹기 때문이다. 지금이야 고온으로 올리는 기술이 있지만 당시엔 쉬운 일이 아니었다. 연구에 의하면 야외 가마(노천요)에서 일반 나무로 불을 때면 800~900℃까지 온도를 높일 수 있고 참나무로는 1,000℃까지 높일 수 있다고 한다. 불을 이용하여 토기를 굽던 이들은 구리 정도는 녹일 수 있었다. 구리는 8~10시간 동안 1,200℃를 유지해야 완전히 녹는데 여기에 녹는점이 231.93℃가량 되는 주석을 넣으면 녹는 온도가 890℃까지 낮아진다. 구리와 주석, 이 두 금속의 만남은 새로운 시대를 여는 서막이 된다.

하지만 주석은 구하기가 어려웠다. 그래서 비교적 구하기 쉬운 비소를 이용해 청동기를 만들었다. 그런데 검은 광석인 비소에는 치명적인 단점이 있었다. 비교적 낮은 온도인 615℃에서 녹기 시작하지만 그 증기를 맡은 사람은 죽을 수 있을 정도로 위험했던 것이다(사약을 만드는 독극물인 '비상'의 원료가 비소이다). 더 이상 비소를 사용할 수 없게 되자 인류는 구리를 단단하게 만들어줄 다른 재료를 찾아 나섰다.

고대 나노기술의 결정판

청동 거울 중에 으뜸은 정밀하고 복잡한 무늬가 새겨진 〈다뉴세문경多鈕細紋鏡〉으로 '정문경' 또는 '잔무늬거울'이라고도 부른다. 1960년대 충남 논산 육군훈련소 인근에서 참호를 파던 훈련병이 발견했다. 한 눈에도 빼곡히 새겨있는 세밀한 문양은 사람의 손으로 했다는 것이 믿기지 않을 만큼 정밀하다. '고대의 나노기술'이라고 일컬어지는 거울의 미스터리를 풀기 위해 수차례 복원이 시도되었지만 번번이 실패했다. 현대의 기술로도 완벽히 복원하기 어려운 것이다.

왜 수많은 청동 거울 중에 이 정문경을 으뜸이라 하는 걸까? 세공 기술에 그 비밀이 있다. 〈다뉴세문경〉은 지름 21㎝인 면에 세 개의 큰 원으로 구획을 나누고 100개의 동심원과 0.3㎜ 간격으로 1만 3,000개에 이르는 가는 선이 새겨져 있다.

〈다뉴세문경〉이 만들어진 가장 가능성 있는 세 가지 방법은 밀랍 주조법, 사형 주조법, 석제 주조법이다. '밀랍 주조법'은 활석과 같은 무른 석재를 이용하여 문양을 새기고, 벌집의 재료인 밀랍으로 떠내어 모형을 만들고, 모형에 진흙을 발라 틀을 만든다. 그런 다음 열을 가해 밀랍은 녹여내고 진흙 거푸집으로 주조하는 것이다. '사형 주조법'은 모래와 진흙을 굳혀 판을 만들고 그 위에 문양을 새긴 다음, 쇳물을 부어 주조하는 방법이다. '석제 주조법'은 활석에 직접 문양을 새겨 청동 쇳물을 부어 주조한다.

정교한 세공 기법을 알아내기 위해 2007년부터 〈다뉴세문경〉 재현이 본격적으로 시도되었다. 국립중앙과학관의 윤용현 박사는 활석을 거푸집으로 만들어 밀랍으로 무늬를 새긴 밀랍 주조법으로 복원을 시도했고, 경기도 무형문화재 이완규 주성장은 활석에 문양을 새긴 뒤 주조하는 석제 주조법을 시도했다. 그러다가 국립중앙박물관 보존과학팀이 숭실대 한국기독교박물관의 의뢰를 받아 보존 처리하는 과정에서 거울 면과 문양 면의 주조 결함에서 모래가 확인되었다. 이 발견으로 사형 주조법에 대한 가능성이 제시되었다.

〈다뉴세문경〉을 둘러싼 비밀을 풀기 위해 보존 처리에 앞서 정확한 상태를 확인하기 위한 과학적 분석을 진행했다. 〈다뉴세문경〉은 열화된 상태로 접착력을 유지하지 못하고 상하 두 개의 편으로 분리되어 있었다. 열화되었다는 것은 접착제가 오랜 시간 외부 환경에 노출되어 물리·화학적 성질이 나빠졌다는 것을 의미한다. X-선 촬영으로 19개 편으로 나뉜 것이 접합되어 있음을 확인하고 이물질과 열화된 접착제를 제거했다. 유물이 부식되지 않게 약품을 이용해 방청 처리하고, 가역성이 좋은 아크릴계 수지로 코팅하였다. 여기서 '가역성'이란 원래의 상태로 되돌아갈 수 있는 성질을 말하는 것으로, 보존 처리 이후 시간이 흘러 다시 처리가 필요할 때 이전 상태로 되돌릴 수 있어야 하고 그 과정에서 유물이 손상되지 않게 해야 한다는 것을 의미한다.

이 청동 거울을 만들기 위해 구리와 다른 재료는 얼마나 넣어

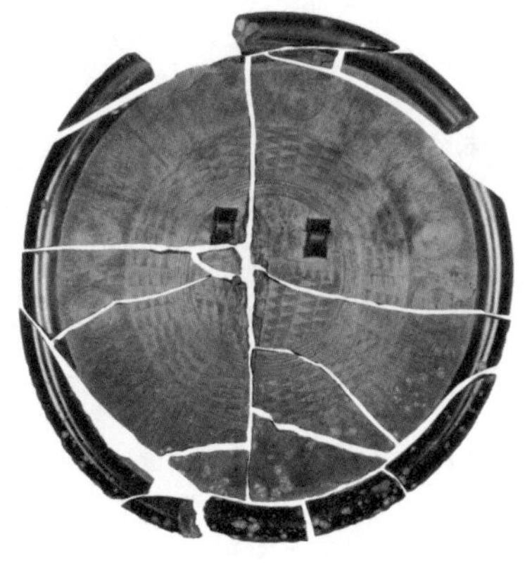

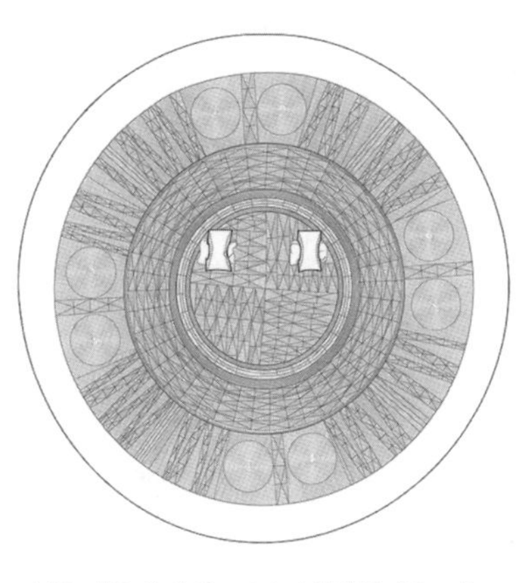

◦ 19개 파편으로 분리된 〈다뉴세문경〉 ©숭실대 한국기독교박물관

◦ 〈다뉴세문경〉 복원도 ©숭실대 한국기독교박물관

야 했을까? 국립중앙박물관 보존과학실에서 X-선 형광 분석법과 유도결합 플라스마-원자 발광 분석법ICP-AES으로 성분 분석을 한 결과, 구리, 주석, 납이 주성분인 삼원계 청동 합금으로 조사되었다. 조성 비율은 구리 66.68%, 주석 32.25% 납 5.46%로 구리와 주석의 비율은 65.7대 34.3이다.

중국 주나라 때 관제를 기록한 《주례》의 '고공기'를 보면 청동을 만드는 육제 중 '거울을 만드는 황금비율'을 감수지제라 하여 구리(2)66.7 : 주석(1)33.3로 기록되어 있는데, 국보 정문경과 약 1% 차이를 보인다. 즉 〈다뉴세문경〉은 청동 거울을 제

[문화유산채널 K-HERITAGE.TV]
청동기 시대의 미스터리, 다뉴세문경

작하는 최상의 비율과 거의 일치한다. 실제로 〈아산 남성리 유적〉, 〈화순 백암리 고분〉, 〈익산 미륵사지〉, 〈경주 분황사〉 등에서 발견한 청동 거울의 성분 조성을 조사한 결과, 주석 함량은 33%를 넘지 않는다.

고려시대부터는 이전 시대와 비교될 만큼 청동 거울이 많이 제작되었는데 고려인의 모습이 담긴 다양한 문양과 형태를 보면 청동 거울이 더 이상 권력자의 영향력을 표현하는 수단이 아닌 실생활에 사용하는 도구가 되었음을 알 수 있다. 또한 구하기 어려운 주석보다 매끈한 면을 만들어주는 납을 사용하기 시작하면서 은백색이 아닌 적황색 표면이 되자 이를 보완하기 위해 수은을 이용한 표면처리를 해서 거울의 반사율을 높였다. 고려에서 제작한 것으로 보이는 〈고려국조명 청동경〉의 거울 면을 분석한 결과 구리 24.8%, 주석 32.06%, 납 31.7%, 수은 10.92%로 확인된 것을 보면 이와 같은 사실을 알 수 있다.

◦ '고려국조'가 새겨진 청동 거울 ©국립중앙박물관

성분 분석을 해보면 다른 청동기도 사용 목적에 따라 구리에 주석, 납의 합금 비율을 다르게 해서 제작했다. 검, 창, 도끼 등의 무기류는 강도*와 경도**를 높이기 위해 주석이 20~25% 첨가되었고, 종은 맑은 소리와 타종 시 충격을 견딜 수 있게 주석 함량을 10~20% 내외로 하고 섬세한 문양을 표현하기 위해 납을 첨가하였다. 반면 식기류, 수저 등은 유독성이 있는 납은 거의 함유되지 않았고 구리와 주석의 비율이 80:20 또는 75:25로 분석된다. 경기도 안성의 명물인 황금색 놋그릇 '방짜유기'의 비율이 78:22인 것과 유사하다.

두 얼굴의 구리

구리는 보통 순수한 상태로 나오지 않고 황과 결합한 황동석, 휘동석 상태로 나온다. 엄밀히 말하면 금속은 그 상태가 '안정한 상태'이다. 하지만 청동기인은 여기에 열을 가해 불필요한 성분을 제거해서 순도 높은 구리로 만든 다음, 필요한 금속과 합금하여 청동기로 제작했다. 그리고 부족의 지도자가 죽으면 그와 함께 땅에 묻었다. 땅에 묻힌 청동기는 땅속의 수분, 염분, 산성도pH에 의해 화학 반응이 일어나면서 다양한 부식 화합물이 생기게 된다. 이는 도구로서 역할을 다한 청동기가 원래의 광석으

* 외부에서 하중을 주었을 때 재료가 깨지기까지 견디는 정도
** 재료 표면의 무르고 단단한 정도

로 돌아가는 과정이다. 박물관에서 보는 청동기가 은백색이 아니라 청색인 이유이다.

또 구리는 특별한 능력이 있는데 바로 '녹'이다. 청동이 산소와 만나면 보호막을 만드는데 이 보호막이 일종의 녹이라고 할 수 있다. 아이러니하게도 이 녹은 새로운 부식의 진행을 막아준다. 보존과학에서는 녹을 '좋은 녹'과 '나쁜 녹'으로 구분하는데, 은백색 거울 면 위에 생긴 녹은 다른 부식 요인으로부터 보호해주는 좋은 녹이다. 예를 들어 뉴욕의 랜드 마크인 '자유의 여신상'은 세계에서 가장 거대한 구리 조각상으로 1886년에 주철 구조물에 구리를 덧씌워 만든 것인데 공기와 접촉하면서 푸르스름한 녹이 생겨났다. 이렇게 생성된 막이 더 이상 내부의 구리를 부식되지 않게 보호하고 있다.

그래서 녹을 제거할 때는 좋은 녹과 나쁜 녹을 구별하여 치명적인 손상을 입히는 녹만 선택적으로 제거한다. 물리적인 방법을 동원하여 녹을 모두 제거하면 반짝반짝한 거울 면이 드러나긴 하겠지만 다시 부식이 시작될 것이다.

박물관에서 반짝이는 은백색이 아닌 거울이라 상상하기 어려운 푸르스름한 상태로 전시하는 이유는 녹슬어버린 청동 거울이 몇천 년 동안 자신을 보호하면서 그 기나긴 시간을 견뎌왔기 때문이다. 박물관은 그 푸르스름한 녹도 청동 거울의 일부라고 보고 시간의 흔적을 보존한다. 자, 이제 청동 거울의 진짜 얼굴, 역사를 비추고 있는 청동 거울이 보이지 않는가.

진정한 의미의 복원

현재 문화재를 복원하기 위해 과학기기를 이용하여 유물이 어떤 재료로 제작되었는지 분석하고, 이를 통해 제작 방법을 조사·연구하고 있다. 최근 3D 스캔과 3D 프린팅으로 문화재를 복제하는 단계까지 나아갔다. 진정한 의미의 복원은 선조들이 사용한 도구와 방법으로 재현해내는 것이다. 기록이나 전승자가 남아있지 않은 오늘날, 이를 구현하기란 쉬운 일이 아니기 때문에 국내외에서 문화유산의 보존과 복원의 의미 그리고 그 범위 등에 관한 여러 논의가 이루어지고 있다.

19세기 중반 영국의 윌리엄 모리스William Morris와 존 러스킨John Ruskin은 '재창조' 수준으로 이루어지던 복원에 반대하여 '현 상태로 유지' 입장을 주장했다.

1950년대 '보존과학' 분야가 문화유산 연구에 하나의 축을 형성하면서 이탈리아의 체사르 브란디Cesare Brandi는 문화유산의 물리적인 형태 유지에 있어 시간의 흔적을 지우는 등의 변형을 가하지 않고 원래 모습을 복원하는 것이 맞다고 주장하였다. 또한 복원 과정에서 향후 다시 보존 처리가 필요한 경우보다 적합한 재료가 개발되었을 때 이를 적용할 수 있도록 제거 가능한 재료와 약품을 사용해야 한다고 원칙을 세우기도 했다.

학자들의 보존과 복원에 대한 연구 덕분에 '보존과학'이라는 개념이 새로워졌다. 과학 기술을 동원하여 문화유산의 원형을 찾고, 문화재의 손상 상태를 확인하고, 재료와 제작 방법 등을 조사하여 보존 처리할 재료를 결정하는 일에서부터 필요할 경우 적합한 재료를 개발해 복원하는 과정까지 의미하게 되었다. 당장의 보존 처리 작업에만 국한할 것이 아니라 미래 세대에도 문화유산을 물려주기 위해서이다.

◦ 조선의 시한폭탄 비격진천뢰 ©국립진주박물관

조선에도 시한폭탄이

비격진천뢰 : 제작 원리

"적진에서 괴물체가 날아와 땅에 떨어져 우리 군사들이 빙 둘러서 구경하고 있었는데 이것이 갑자기 폭발, 소리가 천지를 흔들고 철편이 별 가루 같이 흩어져 맞은 이는 즉사하고 주변에 있던 자는 폭풍에 날아갔다."

일본의 《정한위략》에서 〈비격진천뢰〉를 기록한 내용이다. 〈비격진천뢰〉는 조선 선조 때 화포장이었던 이장손이 발명한 화약무기로, 임진왜란 당시 경주성의 탈환에 큰 도움을 주었다. 일본군은 처음 보는 신무기를 보고 혼비백산하여 도망갔고 이후 전투에 사용되어 승리를 이끌었다. 〈비격진천뢰〉는 천둥 같은 굉음을 내면서 날아올라 폭발하면서 파편이 산산조각으로 흩어져

적을 무찔렀는데, 위력이 실로 대단했다고 전해진다.

전쟁의 모습을 바꾼 화약

중국에서 발명된 인류 문명을 바꾼 4대 발명품으로 종이, 나침판, 인쇄술, 화약을 손꼽는다. 이 중 화약의 등장은 전투를 화살, 창, 칼을 들고 몸으로 하는 '백병전'에서 성을 점령하기 위해 불과 화약을 이용한 무기로 싸우는 '공성전'으로 변화시켰다.

화약火藥의 한자를 보면 약藥자를 쓰고 있는데 이는 진시황제가 불사약을 구하는 과정에서 발견했다고 전해진다. 중국 위진남북조 시기에 유행한 도교 사상은 꾸준한 수련과 함께 '단약'을 복용하면 신선이 되어 늙지도 죽지도 않는 불로불사의 경지에 다다른다고 했다. 이들은 광물을 이용하여 단약을 만들었는데 팔석이라 하여 주사·웅황·운모·공청·유황·융염·초석·자황을 말한다. 이 재료들을 청동 솥에 넣고 가열하면 산화제 역할을 하는 초석과 온도를 낮춰주는 유황의 화학작용으로 불꽃이 일어나게 된다. 7세기 초 연중행사와 풍속을 기록한《형초세시기》에 '폭죽으로 산조라는 악귀를 피한다'라는 내용이 있어 커다란 소리와 불꽃으로 악귀를 쫓는 불꽃놀이용으로 사용한 것을 알 수 있다. 그리고 11세기《무경총요》에서 화약 제조법이 처음으로 소개된다. 화약의 위력을 알게 된 송나라에서는 제조법을 엄격하게 통제했다. 그러나 금나라, 원나라는 전쟁을 치러 송나라의 화약 기술을 도입했고 이것이 말을 타고 유럽을 휩쓴 몽골군에 의해 세계로 전파되었다.

우리 땅에 처음으로 화약 무기가 등장한 것은 삼별초의 난(1270~1273)때로 원나라의 '화창'*이나 '진천뢰' 등의 무기이다. 고려 공민왕 때에는 일본의 몰락한 하층 무사들이 침입하여 약탈을 일삼자 중국에 사신을 보내어 화약 공급을 요청하기도 했다. 그러던 중 원·명 교체기인 1372년 명나라로부터 화약을 수입하게 되어 제조에 필요한 염초(초석)와 유황 등의 정보를 얻어낼 수 있었다. 하지만 염초를 추출하는 방법이나 유황과 목탄의 혼합 비율은 알려주지 않았는데, 이에 최무선이 염초 제조 기술자였던 원나라 상인 이원을 만나 의복과 음식을 내어주면서 극진히 대접해 결국 염초 제조 비법과 원료의 혼합 비율을 알아냈다.

화약은 염초와 유황, 목탄을 혼합하여 만든다. 염초는 흙 속에 있는 성분으로 부뚜막이나 온돌 바닥의 흙을 넣은 물을 가마솥에 넣고 끓이면 얻을 수 있다. 고려 왕실은 화약 제조법을 알게 된 최무선을 '화통도감'의 책임자로 임명하여 각종 화기 제작을 지원한다. 조선이 건국되고 최무선이 세상을 떠나자 그

---

* 길이 약 2미터 정도 되는 창. 끝에 대나무 등으로 만든 화약이 담긴 통이 매달려 있다. 확실한 사용례가 남아 있는 최초의 시기는 남송 때 1132년.

의 아들 최해산이 뒤를 이어 화약 무기를 개발했다. 조선 태종의 적극적인 후원으로 '화약제조청'이 설치되고 쓰시마섬 정벌과 4군 6진의 개척 등 비약적인 발전으로 이어졌다.

◦ 철흠자에 결합된 세총통(복원품) ⓒ국립진주박물관

조선 세종 때는 휴대용 개인 화기라고 할 수 있는 '세총통'이 여진족을 토벌하기 위해 개발되었다. 휴대하기 편하게 작고 가볍게 만들었으나 총신이 가늘어 발사 시 폭발력을 버티지 못해 자루가 부러지고 말았다. 이때 등장한 것이 탄성이 강한 주철로 제작한 쇠 집게 모양의 '철흠자'이다. 세총통을 잡고 '세전'이라고 불리는 작은 화살을 날려 보냈다. 후에는 한 번에 여러 개의 화살을 날릴 수 있는 '사전총통'과 '팔전총통'이 개발되었다. 선조 때에는 철과 납으로 만든 탄환을 발사할 수 있는 '승자총통'을 전라좌수사를 지낸 김지가 개발하였다. 한꺼번에 15개의 철환을 발사하고 사거리가 600보에 달하는 등 성능이 우수하여 임진왜란 초기에 주로 쓰였다.

[국립진주박물관]
세계최초 권총형 총통 '세총통' feat. 화력대왕 '세종'

◦ 보물로 지정된 현재까지 가장 오래된 〈만력기묘명 승자총통〉. 병부에 '규가'라는 장인이 만들었다는 명문이 새겨져 있다. ©국립중앙박물관

1448년에는 하늘을 향해 쏘아 목표물을 공격할 수 있는 '신기전'이 등장했다. 귀신같은 기계 화살이라는 뜻을 지닌 신기전은 화살대에 매달린 화약통에 점화하면 화약이 타들어 가면서 가스가 뒤로 분출되고 그 힘을 이용해 화살이 날아간다. 그 후 신기전을 더욱 발전시켜 발사대에 100발을 연속해서 발사할 수 있는 다연장 로켓포가 등장하였는데, 그중 문종의 화차가 유명하다. 신기전을 100개 장착하고 발사각을 최대 40도까지 만들 수 있어 멀리 떨어진 적과 싸울 때 큰 파괴력을 가졌다.

임진왜란 당시에는 변이중이 개발한 화차 40량을 투입하여 행주산성에서 왜군을 상대로 대승을 거두기도 했다. 변이중의

문화유산채널[K-HERITAGE.TV]
임진왜란의 숨은 병기 승자총통

◦ 문종의 화차 (복원품) ⓒ국립진주박물관

화차는 네 면에 모두 방호벽을 설치하고 삼 면의 발사 틀을 두어 포수가 전방을 볼 수 있도록 개량했다.

청동으로 제작된 화포인 '완구'는 무쇠정으로, 화강암 표면을 쪼아 둥글게 만들고 모래로 매끈하게 다듬은 탄환 '단석'을 적진을 향해 날려 보냈다. 그다음으로 등장한 것이 〈비격진천뢰〉다. 이 무기는 사실 중국 금나라(1115~1234년)의 '진천뢰'에서 그 원형을 찾아볼 수 있는데 철로 만들어진 용기 안에 화약을 채워 넣고 도화선에 불을 붙여 손으로 던지는 일종의 휴대용 폭탄이었다.

발전에 발전을 거듭한 무기

〈비격진천뢰〉는 시간 조절이 가능한 최초의 시한폭탄으로 둥근 무쇠 속에 화약과 철 조각, 죽통이 들어있다. 이 죽통에 그 비밀이 숨어 있다. 나선형의 홈을 판 '목곡'이라는 장치에 도화선인 화약선을 감는데 이 길이에 따라 폭발 시간이 조절되는 것이다. 《융원필비》* 에 '늦게 터트리려면 15번을 감고, 조금 빨리 터트리려면 10번을 감아라'라는 기록이 남아 있어 목곡의 기능을 알 수 있다.

〈비격진천뢰〉에 관한 역사적 기록은 《조선왕조실록》, 《징비록》, 《화포식언해》 등에 상세하게 남아 있지만, 실제 전쟁에서 사용된 탓인지 창경궁에서 발견되었다고 전해지는 1점, 장성 석마리에서 발견되었다고 전해지는 1점, 하동 고형성지, 진주 진주성, 창녕 화왕산성에서 출토된 것, 총 5점만 남아 있어 실물 자료가 부족했다. 그러던 중 2018년 고창 무장현 관아 읍성의 군기고로 추정되는 곳에서 〈비격진천뢰〉 11점이 온전한 상태로 출토되었다. 임진왜란 전문 박물관인 국립진주박물관에서 과학적 조사와 보존 처리를 진행했는데 컴퓨터 단층 촬영Computed Tomography, CT으로는 표면에 뚜껑의 유무와 유물의 상·하부 구별만이 가능했

* 조선 후기 문신 박종경이 각종 화기의 치수나 무게 등을 재어 성능이나 특성, 사용법 등에 관해 서술한 군서. 1813년에 간행되었다.

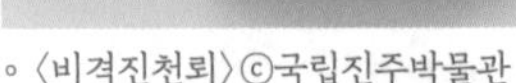

◦ 〈비격진천뢰〉ⓒ국립진주박물관

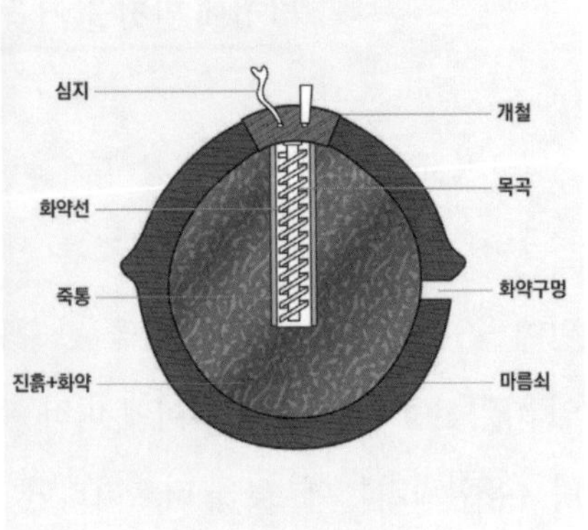

◦ 〈비격진천뢰〉의 구조

고, 추가로 감마선 투과 조사를 하자 내부 구조를 파악할 수 있었다. 〈비격진천뢰〉의 두께와 밀도가 워낙 높아서 CT 촬영으로는 확인되지 않은 것이다.

이물질을 제거하자 유물의 형태가 드러났다. 출토된 11점의 〈비격진천뢰〉 중 단 한 점에서만 뚜껑이 확인되었는데 《융원필비》 기록과는 달랐다. 《융원필비》에는 뚜껑과 심지가 하나만 나와 있는 것으로 그려져 있으나 실물 뚜껑에는 중앙에 손잡이가 있고 양쪽 옆에 한 개씩 구멍이 있었다. 이는 심지 구멍을 빼기 위해 만든 것으로 2개의 심지는 혹시 모를 불발탄이 되는 것을 막기 위한 장치로 보인다.

금속 조직을 분석한 결과 본체는 거푸집에 부어 만든 주조로, 뚜껑은 두들기거나 눌러서 만든 단조로 제작한 것이 확인되었다. 잘 터져서 쇳조각이 흩어져야 하는 본체는 주조로 제작하고 뚜껑은 폭발 시 먼저 부서지는 것을 방지하기 위해 단조로 제작한 것으로 추정된다. 이번 〈비격진천뢰〉의 조사 분석은 문헌자료와 실물 자료를 비교함으로써 손에 잡히는 실제 역사에 한 걸음 다가갈 수 있는 좋은 사례로 기록되었다.

감마선 투과 조사

방사선의 하나인 감마선Gamma은 파장이 짧고 물질 투과성이 강한 전자기파로 질량과 전하가 없다. 금속 내부 결함을 탐지하거나 X-선을 투과할 수 없는 영역을 탐구하는 데 주로 쓰인다. 프랑스의 화학자이자 물리학자인 빌라P.U.Villard가 1900년에 발견하였고 1903년 러더퍼드가 그리스 문자를 사용해 물질을 투과하는 정도에 따라 알파선(α-선), 베타선(β-선), 감마선(γ-선)이라고 이름 지었다.

알파선은 종이 한 장도 뚫지 못하고 베타선은 얇은 금속판에서 튕겨져 나오지만 감마선과 X-선은 대부분의 물질을 투과한다. 다만 자연계에서 가장 무겁고 두꺼운 납은 통과하지 못한다. 기기들의 차폐 시설을 납으로 하는 이유이다.

감마선은 X-선보다 파장이 짧고 에너지가 높아 두껍고 크기가 큰 대형 철제 유물이나 총포류의 경우 감마선을 이용하여 비파괴 조사를 실시한다.

유럽과 미국에서는 1970년대부터 감마선의 살균·살충 효과에 주목하여 프랑스는 람세스 2세 미라의 살균 등 유기물의 손상 원인인 곤충이나 균을 제거하는 데 활용하였다. 한국에서도 전통 한지를 대상으로 감마선을 이용하였더니 생물학적 피해를 막을 수 있었다. 감마선의 살균, 살충 효과는 문화유산 조사뿐만 아니라 암 치료나 식품의 멸균에도 사용되고 있다.

◦ 〈성덕대왕신종〉 경주박물관 소장, ©Asadal, CC BY-SA 4.0 〈https://creativecommons.org/licenses/by-sa/4.0〉, via Wikimedia Commons

전설과 과학이 만나 울리다

성덕대왕신종 : 성분 분석

종소리에 담은 염원

국립경주박물관에 들어서면 야외의 많은 전시물 가운데 위용을 자랑하는 유물이 있다. 높이 3.66m, 입지름 2.27m, 두께 11~25㎝, 무게 18.9톤의 국보 〈성덕대왕신종聖德大王神鍾〉이다.

〈성덕대왕신종〉은 경덕왕이 아버지 성덕대왕을 기리기 위해 742년 제작하기 시작하여 771년 그의 아들인 혜공왕 때에 완성되었다. 종소리를 통해 성덕왕의 공덕이 널리 울려 퍼져 국가를 태평하게 하고 백성이 편안하기를 바라는 발원을 담았다. 미술사적으로도 〈성덕대왕신종〉은 통일신라의 수준 높은 금속공예 기술과 불교 문화를 보여주고 있다. 종 꼭대기에 금방이라도 승

◦ 외부에 노출된 〈신덕대왕신종〉ⓒ국립경주박물관

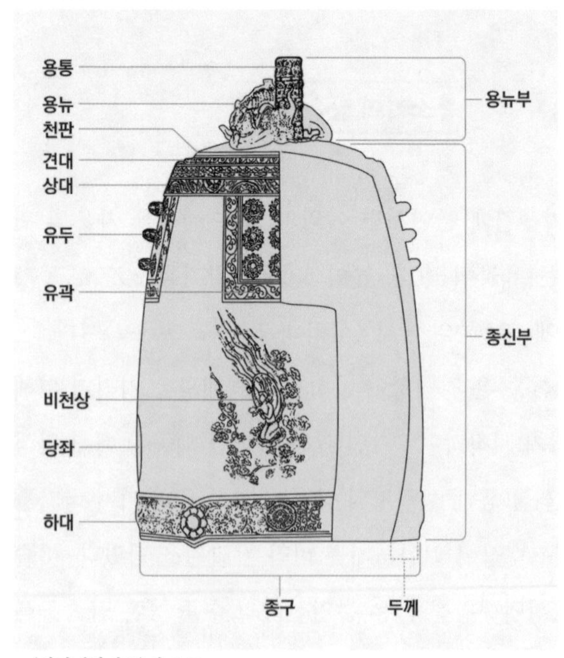

◦ 〈신덕대왕신종〉의 구조

천할 것 같은 '용뉴 조각'과 종의 몸체인 '종신'에 1,000자에 이르는 명문과 공양자 상을 새겼는데 이는 모래 주형을 쓰는 중국과 달리 밀랍 주조법으로 제작하여 소리뿐만 아니라 예술적으로도 통일신라시대의 금속 공예 기술의 정수를 보여주고 있다.

세계에서 가장 큰 종은 러시아 모스크바에 있는 '차르 종Tsar Bell'이다. 높이 6.14m, 지름 6.6m, 무게 202톤의 차르 종은 완성 직후 화재로 인해 표면에 금이 가고 지지대가 부서져 깨져 버려 한 번도 울리지 못했다. 1776년 미국 독립 정신을 상징하는 '자유의 종'은 역사상 중요한 순간마다 울렸다고는 하나 현재 깨진 채 필라델피아 독립기념관에 전시되어 있다.

"종소리를 더 멀리 내보내기 위해 종은 더 아파야 한다."는 어느 시인의 말처럼 종소리는 멀리 울려 퍼지기 위해 자기 몸통 전체에 퍼지는 아픔을 견뎌야 한다. 종은 소리가 날 때 존재의 의미가 있다. 하지만 문화유산으로서의 종은 어떠할까?

〈성덕대왕신종〉을 소장하고 있는 국립경주박물관은 1992년 12월 31일 제야를 마지막으로 타종을 중단했다. 종은 소리를 내기 위해 만들어졌으니 타종이 오히려 생명을 연장할 수 있다는 의견과 〈성덕대왕신종〉은 소리뿐만 아니라 미학적 가치도 중요하므로 타종으로 인한 균열을 고려해야 한다는 의견이 첨예하

[국립경주박물관]
우리나라 대표 문화재 〈성덕대왕신종〉

게 맞서면서 1996~1999년 과학적 점검을 위한 학술조사를 실시했다. 그 결과 주조 당시 형성된 기포와 약간의 부식 현상 외에는 종을 치지 못할 결함이 없다고 밝혀져 2001년부터 다시 타종을 재개했다. 단 온도나 습도 등의 부담이 적은 10월에 타종하며 〈성덕대왕신종〉에 이상이 생길 시 즉각 타종을 중단한다는 조건이 붙었다. 그러다 2004년 타종을 전면 중단했다. 보존과 활용이란 선택지에서 보존을 선택한 것이다.

야외에 전시된 〈성덕대왕신종〉은 주변의 영향을 피할 수 없다. 박물관은 타종으로 인한 충격과 자연환경의 변화로 생길 수 있는 훼손을 무겁게 받아들인 것이다. 문화유산은 현재를 살고 있는 우리만 누리는 게 아니라 미래 세대에 이어져야 할 모두의 것이기 때문이다.

특별한 종소리, 코리안벨

'범종'은 불교 사물의 하나로 '맑고 마음을 깨우는 소리는 지옥에서 고통을 받는 중생까지도 구제한다'는 의미로 제작된다. 중국, 일본과는 달리 한국의 범종은 형태와 울림소리가 우수하여 코리안 벨Korea Bell이라는 학명까지 가지고 있다. 범종 중 〈성덕대왕신종〉은 소리가 웅장하고 긴 여운을 지닌다. 이를 '맥놀이 현상'이라고 하는데 두 음파가 서로 간섭을 일으켜 진폭이 커졌다 작아졌다 하는 것을 말한다. 우리나라 범종은 용 모양의 '용뉴'와 속이 빈 대나무 형태의 '용통'이 달려 있는데, 용통의 기능에 대해서는 의견이 분분하나 진동을 빠르게 걸러 소리의 일부를 공중으로 내보내 잡음을 걸려 주는 역할을 하는 것으로 추정하고 있다. 또한 종신 내부와 관통되도록 구멍이 뚫려 있어 고음을 잘 방출시키고 저음은 잘 가둬두는 효과가 있다. 종 아래에 움푹 파여 있는 '명동'은 종 안의 공기 크기를 변화시켜 소리를 모았다가 키워주는 공명 장치 역할을 한다고 밝혀졌다.

종에 담긴 잔혹한 전설

〈성덕대왕신종〉을 흔히 '에밀레종'이라고도 부른다. 여기에는 모두가 한 번쯤 들어봤을 만한 이야기가 있다.

승려가 보시를 받으러 다니다가 어느 아낙을 만나 시주를 청했는데, 그 아낙이 집이 가난하여 어린아이밖에 드릴 것이 없다고 하자 아이를 제물로 바치면 종을 만들 수 있다는 계시를 받은 승려가 아이를 공양하고, 실패를 거듭하던 종은 완성되었다. 그런데 그 종을 치자 '에밀레, 에밀레'라고 어린아이가 어미를

[국립대구과학관]
〈성덕대왕신종〉 과학성 소개

부르는 소리가 난다는 이야기다.

자비의 소리를 내는 범종에 이런 잔혹한 이야기가 담겨 있는 것을 학자들은 〈성덕대왕신종〉을 제작하는 과정에서 얼마나 많은 실패와 어려움이 있었는가를 대변한다고 해석하고 있다. 실제로 〈성덕대왕신종〉은 주조를 시작했던 경덕왕 때 완성을 보지 못했고 제작을 시작한 지 34년 만인 혜공왕 때 완성된다.

그렇다면 어린아이를 희생시켜 완성했다는 전설은 과연 진실일까? 청동 범종은 구리와 주석을 합금하여 제작하는데 도가니 속에 금속을 넣고 쇳물의 색이 같아질 때까지 녹인다. 이 과정에서 불순물이 들어갈 경우 종은 완성될 수 없다. 〈성덕대왕신종〉 성분을 분석하기 위해 주조 시 생긴 결합 부분에서 시료를 채취하여 유도결합 플라스마 분석기Inductively coupled plasma mass spectrometer, ICP로 정량 분석했다. 그 결과 구리 86.1%와 주석 12.8%인 합금으로 되어 있었으며 일부 납이 포함되어 있었다. 만약 어린아이를 넣어 만들었다면 인 성분이 있어야 하는데 검출되지 않아 근거 없는 낭설임이 과학적으로 증명되었다. 범종에 맑고 장엄한 소리가 나게 하려면 납 함량이 2% 내외여야 한다. 납을 첨가하면 섬세한 문양을 새길 수 있지만, 구리와 잘 섞이지 않으면 편석이 생길 수 있다. 그러면 화학적으로 고르지 않아 좋은 소리가 나지 않는다.

과학적 조사로 〈성덕대왕신종〉에 얽힌 이야기는 전설에 불과하다고 밝혀졌지만, 왜 그러한 이야기가 생겨났는지 궁금하지 않을 수 없다. 실제로 종소리를 들어보면 '에밀레' 이기보다 '냥'으로 들린다. 왜 사람들은 에밀레로 들었을까? 당나라 측천무후 때 만들어진 중국의 감숙성 무위시 '대운사 종'에도 이와 유사한 전설이 있는데, 신라와 당 사이를 활발히 오가던 승려들에 의해 전해졌을 가능성이 있다. 혹은 성, 궁, 제방 등을 지을 때 영험함을 불어넣기 위해 사람, 특히 어린아이를 바치는 인신공양 관습과 관련 있을 수도 있다.

또 다른 의견은 당시 신라 사회의 반영이라고도 할 수 있는데, 8살에 즉위한 혜공왕이 어머니 만월 부인의 핍박에 살해당하자 이를 지켜본 신라인들이 도가니 속에 던져진 어린아이와 아이를 버린 어머니를 혜공왕과 만월 부인에 투영시켰다는 것이다. 왜 그런 전설이 전해지는지 알 수 없지만, 천 년의 시간이 넘도록 신비롭고 경이로운 소리를 내던 〈성덕대왕신종〉의 종소리가 앞으로 울려 퍼지는 일은 없을 것 같다. 이제 종의 역할은 발전할 기술에 맡겨 두고, 유구한 시간 속에 담긴 뛰어난 기술과 아름다운 이야기로 우리 곁에 오래오래 남아있길 바란다.

2021년 국립경주박물관은 1,250살이 된 〈성덕대왕신종〉을 위한 특별한 생일선물을 마련했다. 2020년 10월 보존 상태 점검 과정에서 녹음된 음원으로 제작한 최첨단 사운드를 체험할 수 있는 '성덕대왕신종 소리체험관'이 그것이다. 입체 음향 시스템과 3D 프로젝션 맵핑, 고화질 입체 영상을 통해 소리만이 아닌 온몸으로 〈성덕대왕신종〉을 만날 수 있다.

◦ 위. 등자(발걸이) / 아래. 철정(덩이쇠) ⓒ국립김해박물관

한국사는 업데이트 중

가야의 문화 : 철기 제작과 풍속

존재했으나 기록되지 못한 역사

역사학은 시대를 선사와 역사로 구분하는데, 이는 문자로 기록하기 이전과 이후로 시대를 나누는 것이다. 문자 발명과 도구의 등장은 입에서 입으로 전해지거나 암석과 동굴에 그림을 그리던 시대를 지나 체계적인 방법으로 기록을 남기게 했다. 하지만 안타깝게도 역사 시대에 기록되지 못한 역사도 있다. 역사는 '승자의 기록'이라는 사실이 못내 아쉽게 다가오는, 존재했으나 기록이 없어 그 존재를 확인하기 어려운 나라, 바로 '가야'이다. 하지만 기록되지 못해서 사라진 역사는 고고학적 발굴로 세상에 나와 유물과 유적을 통해 역사를 스스로 증명해내기도 한다.

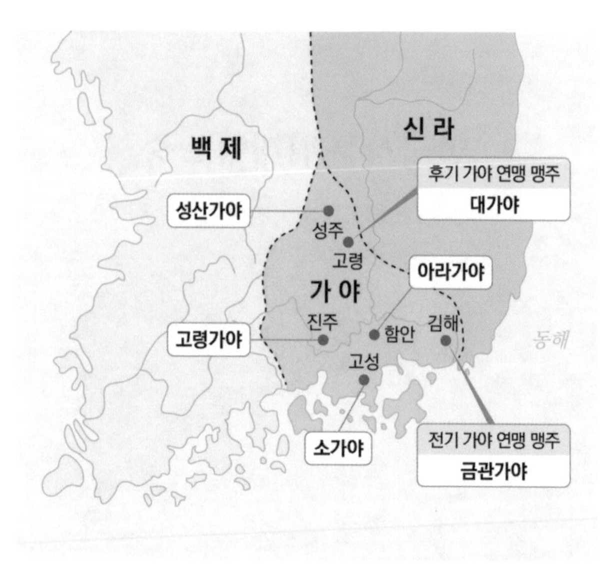

◦ 여섯 가야 지도

《삼국사기》에 따르면 가야는 기원후 42년부터 562년까지 존재한 나라로 고구려, 백제, 신라와 함께 성장했으나 삼국과는 다르게 중앙집권적 고대국가로 나아가지 못하고 사라졌다. 가야는 잊힌 듯했지만 꾸준한 발굴 조사 결과 찬란했던 그들의 철기 문화가 그 모습을 드러내고 있다. 덕분에 삼국시대가 아니라 사국시대로 다루어져야 한다는 주장도 조심스레 제기되고 있다. 2017년 100대 국정과제에 '가야문화권 조사·연구 및 정비

[국립중앙박물관]
가야본성, 칼과 현

사업'을 추진하면서 정부, 학계, 지자체에서 활발한 사업이 진행되고 있고 최근까지의 연구 성과를 토대로 2019년 국립중앙박물관에서는 '가야 본성-칼과 현'을 개최하여 가야사를 집중 조명하였다.

가야의 철기 문화

중국 서진의 진수가 편찬한《삼국지》'위서 동이전'을 보면 가야의 전신이라 할 수 있는 변한이 철을 생산했을 뿐 아니라 낙랑이나 대방에 철을 수출했다는 기록이 있다.《삼국유사》의 짧은 기록을 통해서는 김해의 금관가야, 고령의 대가야, 함안의 아라가야, 고성의 소가야, 성주의 성산가야, 상주의 고령가야 등 여섯 가야의 흔적을 찾아볼 수 있다.

사실 가야는 철광석을 녹여 철을 만들어내는 철 생산과 관련된 제련로 유적이 많이 확인되지 않아 철 생산의 실체가 뚜렷하게 드러나지 않았다. 그렇다면 가야 지역 무덤에서 출토되는 다양한 철기는 무엇을 의미하는 것일까? 초기 철기 시대의 유적지인 〈창원 다호리 고분군〉 유적은 청동기에서 철기시대로 넘

[KBS역사저널 그날]
다호리 무덤에서 발굴된 삼한시대 철제기구들

어가는 변화를 살펴볼 수 있는 중요한 유적이다. 저습지 환경을 고려한 듯 통나무 모양 그대로 만든 목관과 문자 사용을 확인시켜주는 붓, 가야금의 원조인 현악기, 철제 농기구 등 다양한 유물이 출토되었다. 특히 주목할 만한 것은 목관에서 6㎏에 달하는 철광석이 나오고 또 다른 무덤에서는 철제 망치가 출토되었다는 것이다. 상당한 양의 철광석과 사용 흔적이 없는 철제 망치를 묻은 것으로 보아 의도적으로 이루어졌을 것으로, 아마 철기를 생산하던 직책인 단야장이 묻힌 것으로 추정된다.

현재 가야의 철 생산 관련 유적 〈김해 하계리 제철유적〉에서 원형의 제련로가 조사되었다. 제련하는 과정에서 생기는 찌꺼기와 연료를 태우던 가마 노벽 등을 분석한 결과, 괴련철*을 생산하여 공급했을 가능성이 높다. 생산된 철을 정련·단야를 반복하여 이동하기 쉬운 크기와 형태로 '철정(덩이쇠)'을 제작했다. 가야 고분에서 출토된 철정 1,200여 점 중에 김해와 부산 지역에서만 940여 점이 출토되어 당시 활발했던 철 생산을 짐작할 수 있다. 이렇게 가야는 규격화된 중간 소재의 철을 생산·교역하며 성장했다.

낙동강 하류인 〈밀양 사촌 제철 유적〉, 〈양산 물금 유적〉을 통해서는 제철 전문 취락 집단이 있었다는 걸 짐작할 수 있다. 유적의 위치가 철과 나무 등의 수급이 원활하게 이뤄질 수 있

---

* 철광석을 제련하면 처음 나오는 불순물이 많은 철 덩어리.

는 강이 있다는 점 또한 철기 문화가 융성할 수 있던 요인이다.

철은 인류 역사상 중요한 재료였고 현재도 그렇다. 도구의 발달 과정은 석기, 청동기, 철기로 이어지는데 철이 마지막인 이유는 순수한 철은 발견하기 어렵기 때문이다. 발견했더라도 산소와 결합한 산화철 상태의 철광석은 채굴한 후 '제련→정련→단야 또는 주조→열처리' 등의 복잡한 과정을 거쳐야 한다.*

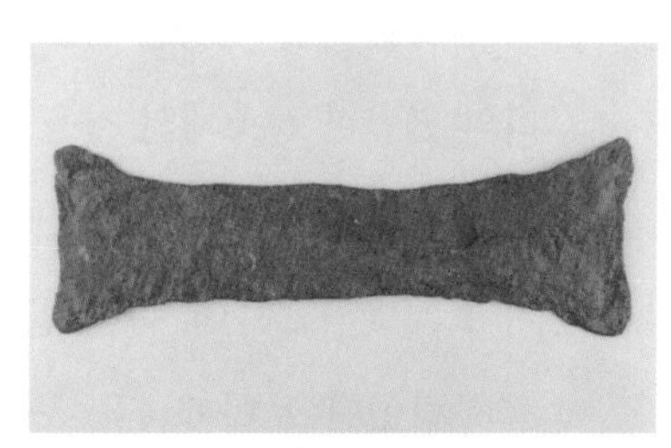
◦ 철정(덩이쇠) ⓒ국립김해박물관

철은 탄소 함량에 따라 순철, 연철, 주철, 강철로 나뉜다. 탄소 함량이 낮은 순철이나 연철은 잘 늘어나는 성질인 전연성은 좋으나 강도가 약하다. 탄소 함량이 2.5~5%인 주철은 거푸집을 이용하여 그릇이나 솥 등을 만드는 데 쓰였다. 강철은 탄소가 2% 미만으로 강도가 좋으며 충격에 잘 견뎌 단조 처리와 열처리 등으로 성질을 변화시킬 수 있어 농기구나 무기 제작에 널리 사용되었다.

* 제련은 광석을 용광로에 넣고 녹여서 금속을 필요한 순도로 추출하는 것, 정련은 금속을 뽑아내어 정제하는 일, 단야는 금속을 불에 달구어 벼리는 것, 주조는 녹인 쇠붙이를 거푸집에 부어 물건을 만드는 것을 말한다.

발굴과 과학적 분석으로 드러나는 역사

가야의 무덤에서는 여러 종류의 철제 무기류뿐만 아니라 철제 갑옷과 투구, 말 장식 등 다양한 철기가 출토되었다. 고대 사회의 단단한 신소재인 철을 생산·제련하는 기술을 가진 가야는 분명 주변 나라의 침입이 빈번했을 것이다. 이 과정에서 여러 무기가 개발되었는데, 특히 철제 마구가 눈에 띈다.

강력했던 로마제국을 무너뜨리고 유럽의 정세를 바꿔놓은 훈족의 비결은 말의 등자였다. '등자'는 말 위에서 발을 고정할 수 있는 '발걸이'로 두 손을 자유롭게 만들어 활이나 창을 마음대로 사용할 수 있게 한 강력한 도구이다. 말은 길들이기 어렵지만 가축 중 가장 빠르고 오래 달릴 수 있어 기원전 3,000년 전부터 인간과 함께 해왔다. 말을 잘 다루기 위한 도구로 등자뿐 아니라 말고삐, 편자 등 말과 관련된 다양한 도구가 등장하는데 이런 철제 마구가 가장 많이 발견되는 곳이 가야 지역이다.

가야의 철제 마구를 분석하려면 시편*이 필요하다. 철기는 탄소 함유량, 열처리 유무, 냉각 속도에 따라 조직 모양이 달라지기 때문에 편을 채취하는 위치도 신중하게 선택해야 한다. 철의 5대 불순물로 탄소, 규소, 망간, 황, 인을 꼽는데 철의 강도와 연성 등 다양하게 영향을 준다. 특히 황은 철을 취약하게 만들어

* 시험 분석에 쓰기 위하여 골라낸 광석이나 광물의 조각.

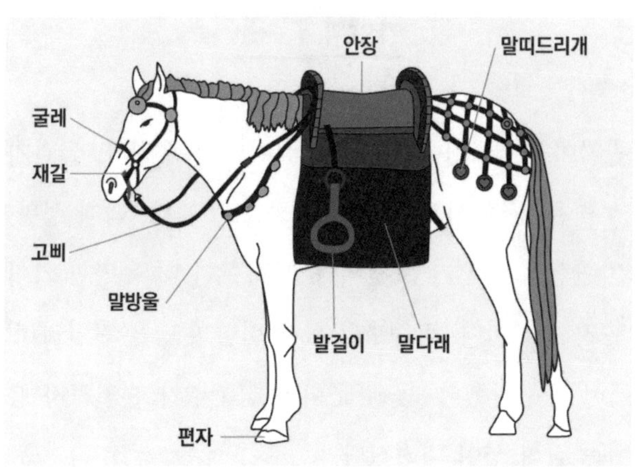

◦ 말갖춤 그림 자료

반드시 제거해야 한다. 고대의 철 제련은 현대와 같은 완벽한 고온에서 이루어지지 못했기 때문에 금속 내부에 산화물, 황화물 등*의 비금속 개재물이 존재하고 있다.

최근에는 철의 연대를 측정할 수 있는 기술이 도입되었는데 가속기 질량분석기Accelerator Mass Spectrometer, AMS를 이용하는 것으로 문화재에 포함된 탄소의 양을 측정하여 연대를 추정하는 방법이다. 과학 기술이 발전하면서 기록되지 못한 역사에 한 걸음 다가갈 수 있게 되었다.

* 산화물, 황화물, 규산염 등 제조과정에서 섞여들어가거나 생겨나는 것으로 성분에 영향을 미친다.

가야의 후손들

금관가야는 6세기 법흥왕 때 신라에 흡수된다. 금관가야의 왕자 무력은 신라 사회에서 큰 공을 세우는데, 백제 성왕을 전사시킨 관산성 전투가 그것이다. 무력보다 더 유명한 가야인은 그의 손자 유신이다. 김춘추와 함께 비담의 난을 진압하며 신라 사회에서 급부상했다. 동생 문희와 김춘추가 혼인하자 유신의 집안에는 김씨 성이 내려졌다.

김유신과 더불어 유명한 가야인이 있다. 대가야의 후예 우륵이다. 그는 왕의 명령으로 12곡의 가야금 연주곡을 만든 악사

◦ 김해 덕산리에서 출토된 〈기마 인물형 뿔잔〉 세부. 상세한 말갖춤이 눈에 띈다. ⓒ국립김해박물관

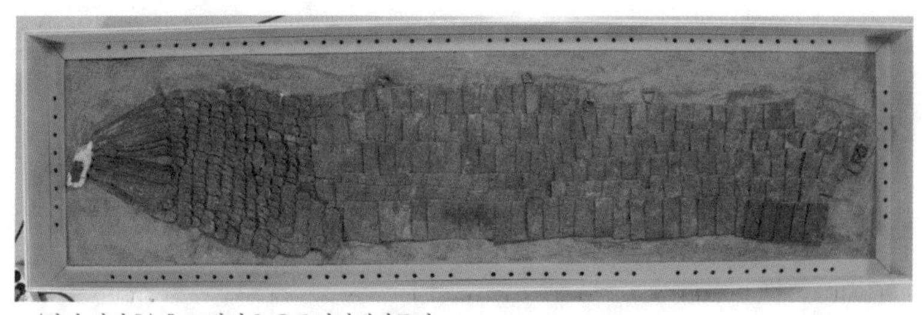

◦ 〈함안 마갑총〉출토 말갑옷 ⓒ국립김해박물관

로 자신이 만든 악기를 들고 신라로 건너갔다. 진흥왕은 우륵의 가야금 연주를 듣고 데려와 궁중음악을 만들게 했다고 한다.

영남 지역뿐만 아니라 호남 동부 지역까지 세력이 미친 고대국가 가야를 보여주는 여러 가야국이 하나의 가야가 되지 못하고 신라에 복속되어 중앙집권 국가까지 이르진 못했다. 하지만 고구려, 백제, 신라 삼국과 같이 강력한 국가의 길을 걸어간 나라만 있었던 건 아니다. 고대 그리스의 아테네와 스파르타처럼 연합과 동맹이라는 길로 걸어간 가야에 대한 새로운 시선이 필요하다.

2부

토기, 도자기, 유리

◦ 〈봉수형 유리병〉©국립중앙박물관

로마의 유리가
경주 무덤에서 발견된 이유

황남대총 봉수형 유리병 : 보존 처리

유리로 만든 궁전

오늘날 건축에 쓰이는 재료 중 가장 중요한 세 가지는 철, 시멘트, 유리로, 이중 유리는 창을 내어 빛이 들어오고 단열의 효과까지 줄 수 있어 건물을 지을 때 빼놓을 수 없는 요소가 되었다. 유리로 된 창이 없다고 상상해보자. 비바람을 막고 햇빛을 안으로 들이려면 어떻게 해야 할까? 인류의 삶을 크게 변화시킨 산업혁명을 상징하는 건축물을 꼽는다면 1851년 영국 만국박람회 때 세워진 '수정궁'을 들 수 있다. 가로 124m, 세로 564m 약 6만 7,000㎡의 대지 위에 122×30㎝ 크기의 유리 3만여 장과 4,500톤의 주철로 만든 유리 궁전이다. 영국의 건축가 조셉

팩스턴 경Sir J. Paxton이 설계한 것으로 그는 전문 건축 설계자가 아니라 정원과 공원을 설계하던 조경업자였다. 온실에서 영감을 얻은 주철과 유리를 이용한 설계안이 당시 200여 개의 제안을 물리치고 채택된 것이다. 그동안은 작은 유리 조각을 이어 붙인 스테인드글라스 정도나 가능했을 뿐 유리로 건물을 만든다는 생각은 하기 어려웠다. 20세기 초반이 되어서야 일정한 크기의 판유리를 제작할 수 있게 되었기 때문이다.

그렇다면 다른 재료에 비해 유리의 역사는 길지 않은 걸까? 역사에서 유리가 언제 등장했는지 한번 알아보자.

유리에 대한 가장 오래된 기록은 기원전 1세기 폴리니우스가 쓴 《박물지Historia naturalis》에 나와 있다.

"어느 날 페니키아의 천연소다 무역상이 오늘날 이스라엘 영내를 흐르고 있는 베루스 강변에 이르렀다. 그는 식사를 준비하기 위해 솥을 받쳐놓을 돌을 찾았다. 끝내 마땅한 돌을 찾지 못해 가지고 있던 소다 덩어리 위에 솥을 얹어놓고 불을 지폈는데 가열된 소다 덩어리가 강변의 흰모래와 혼합되어 투명한 액체가 흘러나왔다."

기원전 2000년 전후한 무렵, 메소포타미아에서 유리로 만든 용기가 처음 등장하였고, 기원전 1400~1200년 바빌로니아에서 출토된 점토판에 붉은 유리*를 만드는 방법이 기록되어 있다.

'최초'라는 타이틀이 메소포타미아인지 이집트인지는 의견이 엇갈리지만 유리를 본격적으로 생산한 것은 이집트였고 헬레니즘 시대에는 세계 최대의 유리 생산지였다고 전해진다. 이후 로마인이 긴 대롱을 이용하여 녹은 유리를 풍선처럼 불어 다양한 모양으로 그릇을 만드는 '대롱불기법'을 발명·발전시키면서 로마가 유리 생산의 메카가 되었다. 대제국을 이룬 로마가 여러 나라에 교역하면서 대량생산이 가능해진 유리 제품이 세계 전역으로 퍼져나간 것으로 보인다. 이때 로마가 통치했던 동부 지중해 연안에서 제작한 유리를 '로만글라스'라고 불렀다.

로만글라스가 나온 경주의 무덤

1973년 4~6세기에 조성된 경주의 대형고분인 〈황남대총〉이 발굴되면서 금관을 포함한 5만 8,000여 점이라는 방대한 유물이 출토되었다. 그중 눈길을 끄는 것이 〈봉수형 유리병〉**이다. 몸체와 목 부분은 연녹색, 손잡이는 남색으로 된 이국적인 형태에 금사가 손잡이 부분까지 감겨 있어 전문가뿐만 아니라 많은

---

* 초기 유리는 불순물이 들어있어 진하고 불투명한 색을 띠고 있다.
** 입구가 봉황 머리처럼 생겼다고 하여 봉수형, 〈황남대총〉 남분에서 심하게 파손된 채 출토되었다. 국립중앙박물관 소장.

◦ 국립경주박물관의 유리 유물들

이의 관심이 집중되었다.

다른 유적에서는 찾아볼 수 없는 형태와 빛깔로 된 유리 유물은 〈황남대총〉을 비롯한 〈천마총〉, 〈서봉총〉, 〈금관총〉, 〈금령총〉 등 금관이 나온 모든 곳에서 출토되었다. 총 26점을 보건대, 왕과 왕족 같은 일부 특권층만 가질 수 있던 귀한 물건이었음을 알 수 있다. 특히 〈봉수형 유리병〉은 손잡이가 금실로 감겨 있는데 이는 깨져서 파손되어도 수리하여 사용할 정도로 소중히 다뤘음을 보여준다.

〈황남대총〉은 2개의 무덤이 남북으로 연결되어 있는데 남분에는 남자, 북분에는 여자가 묻힌 것으로 보고 있다. 남분에서 8점, 북분에서 5점의 유리 용기가 출토되었는데 그중 〈봉수형 유리병〉이 그리스의 오이노코에Oinocoe라고 부르는 유리병과 그 형태가 매우 비슷하다. 그렇다면 신라 땅에 묻힌 이 이국적인 유리 용기들은 어디에서 온 것일까? 아니면 제작했을까? 이 물음에 대한 답을 찾으려면 유리가 무엇으로 어떻게 만들어지는지부터 시작해야 한다.

고체도 액체도 아닌 유리

유리는 투명하고 단단하지만 잘 깨지며 물과 공기는 통과하지 못하지만 빛은 투과된다. 물질로서 유리는 고체라고 생각하겠지만 실은 결정 구조가 없어 액체이다. 고체는 입자들이 일정한 배열로 반복되는 구조를 지니고 있다. 유리 입자들은 일정한 규칙 없이 무질서하게 배열되어 있기 때문에 액체 상태라고 보는 것이다. 하지만 점성이 좋기 때문에 고체처럼 형태를 유지할 수 있다. 이런 유리를 고대 사람들은 신기한 물질로 여겼다. 현대 과학자도 고체나 액체가 아닌 '무정형 고체'로 분류하고 있다.

유리를 구성하는 것들

유리는 고대나 지금이나 재료의 변화는 있지만 그 기술은 크게 변하지 않았다. 유리를 만들려면 주제, 융제, 안정제 및 착색제가 필요하다. 유리를 만드는 주재료인 '주제'는 모래나 석영으로 화학 용어로는 '실리카'라고 한다. 모래, 석영을 녹이려면 1,700℃ 이상의 고온이 필요한데 1,000℃ 이상 온도를 높이기가 어려웠던 고대에는 녹는 온도를 낮추어 빨리 녹게 하는 '융제'를 넣었다. 천연소다와 나무를 태운 재 등에 들어 있는 나트륨, 칼륨, 납이 녹는점을 700~900℃로 낮춰주는 역할을 한다. 하지만 고온에 녹은 실리카는 물에도 녹기 때문에 이를 최대한 막기 위해 '안정제'로 칼슘, 알루미나, 마그네슘, 납 등을 넣어 내구성을 높인다. 여기에 '착색제'로 철, 구리, 코발트를 첨가하면 다양한 색의 유리를 만들 수 있다.

고대 유리는 어떠한 융제를 넣었느냐에 따라 소다 유리(나트륨), 포타시 유리(칼륨), 납 유리(납)로 나뉜다. 납 유리는 바륨의 유무에 따라 납 유리와 납-바륨 유리로 구분한다. 그리고 포타시 유리와 소다 유리에도 안정제로 쓰인 라임(산화칼슘), 알루미나, 마그네시아의 함량으로 분류된다. 이러한 성분이 얼마만큼 들어있는지 분석하면 어디서 제작했는지도 알 수 있다.

소다 유리가 대부분인 서양의 고대 유리와 달리 중국, 한국, 일본의 초기 유리는 납-바륨 유리로, 이 시기 동양에서만 나타나는 특징을 보인다. 우리나라는 납-바륨 유리 이후 동남아시아 등지에서 제작된 포타시 유리가 등장하였고 2~3세기 이후 소다 유리가 유입되면서 주류를 이룬다. 4~6세기 신라 고분에서 출토된 유리 용기를 우리나라에서 제작했는지 외국에서 들여왔는지는 소다 유리의 융제로 쓰이는 식물의 재나 광물로 추정이 가능하다. 융제로 쓰이는 재료는 그 지역의 특성을 보여 성분에 차이가 있기 때문이다.

시리아나 팔레스타인 지역의 로마계 유리는 지중해 연안과 이집트에서 나오는 광물 내트론을 이용하여 제작했는데, 9세기부터 내트론 공급이 중단되면서 식물의 재를 사용하게 되었다. 메소포타미아를 중심으로 한 사산계 유리는 모두 식물의 재를 사용하여 제작했다.

신라의 지배층은 어떻게 유리를 가질 수 있었을까? 5세기 전반 고구려를 통해 유라시아 초원로드로 로마 유리가 들어오고 이후 페르시아 유리가 수입된 것으로 보고 있다. 훈 제국 왕 아틸라의 사망으로 제국이 붕괴하여 교역망이 쇠퇴하자 유라시아 실크로드의 사산조 페르시아와 교류가 이루어졌기 때문이다.

1,600년만의 만남

〈봉수형 유리병〉은 180여 개의 파편을 접합·복원했는데, 30여 년이 지나자 접착제로 쓰인 에폭시수지가 색상이 변해서 2015년 보존 처리하기로 했다. 1984년 첫 복원 당시 보존 처리 사항을 남긴 기록에 따르면 접합 면을 최대한 맞추고 편이 없는

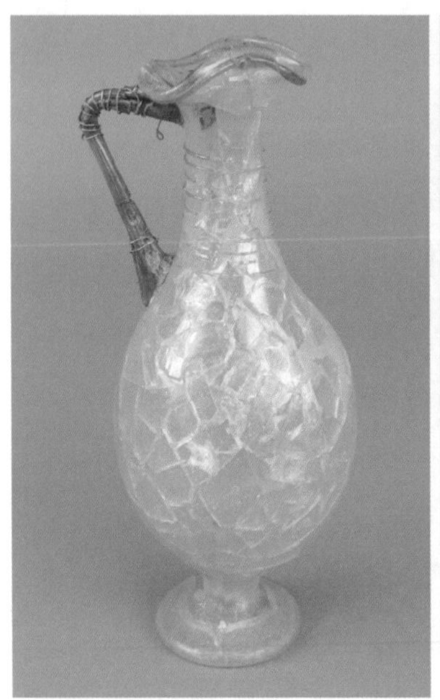

◦ 〈봉수형 유리병〉복원 처리 전과 후 ©국립중앙박물관

일부분은 에폭시수지에 안료를 혼합하여 복원하였다고 되어 있다. 이에 국립중앙박물관 보존처리팀은 접합·복원에 최적의 재료를 찾기 위해 사전 실험을 진행하였다.

재보존 처리에 적용하기 위해 가장 고려되는 부분은 보존과학 분야에서 중요하게 여기는 가역성, 즉 다시 원래 상태로 되돌릴 수 있는지의 여부이다. 접착제는 시간이 흐르면서 빛, 온도 등의 환경적 요인으로 열화가 진행되기 때문에 〈봉수형 유리병〉처럼 재처리가 필요한 경우가 생길 수가 있다. 이럴 때 전에 사용한 접착제를 제거할 수 있어야 한다. 이전 보존 처리 때 접합·복원제로 선택되었던 에폭시수지는 접착력이 좋고 수축과 변형이 적으며 고온에도 강하다. 보존 처리에 사용되는 대표적인 접착제이지만 시간이 지날수록 색이 변하는 황변 현상이 발생하며, 건조 시간이 길어 작업 편의성이 떨어진다. 이에 사전 실험을 통해 물질적으로 안정적이며 가역성이 있는 아크릴계 수지 접착제를 사용하여 처리가 이루어졌다.

보존 처리 작업 중 매우 뜻깊은 일이 있었다. 보존 처리 담당자가 〈봉수형 유리병〉의 결실된 부분이 국립경주박물관 소장품 〈황남 3326 유리 편〉과 색상 등이 유사하여 혹시나 하는 마음에 접합을 시도했는데, 38개의 편이 일치한 것이다. 이로써 1,600년 만에 헤어져 있던 편들이 비로소 제자리를 찾으며 〈봉수형 유리병〉이 더욱 완벽한 모양새를 갖추게 되었다. 〈봉수형 유리병〉의 재보존 처리는 이전에 사용했던 재료나 처리 방법을 단순히 적용하는 것에서 벗어나 새로운 재료와 더 나은 방법을 찾으려는 노력이 돋보였고 노력만큼 멋진 결과를 이루어냈다.

[국립경주박물관]
박물관의 보존 처리 : 유리의 보존 처리

보존 처리와 접착제

문화유산은 시간과 자신을 둘러싼 환경에 영향을 받는다. 시간이 흐르는 것은 막을 수 없고 자연으로 돌아가는 과정은 너무나도 자연스럽지만 선조들의 삶과 역사를 담은 문화유산은 조금 예외적이다.

인류가 언제부터 접착제를 사용했는지는 정확히 알 수 없으나 가장 오래된 것으로 추정되는 것은 이탈리아의 캄피텔로Campitello 지역에서 출토된 돌도끼의 검은색 흔적이다. 분석한 결과 자작나무 껍질에서 추출한 타르*였다.

우리나라는 기원 전후(원삼국 시대) 평택의 대추리에서 발견된 대형옹관의 깨진 면에서 옻칠하고 마직물을 이용하여 접착한 흔적을 찾았다. 문헌 기록에서 찾아보면 《세종실록》에 "하사받은 자기를 쓰다가 문득 깨져서 일찍이 금과 은으로 구연을 장식하였으니"라는 내용이 나온다.

19세기 말에는 옻, 아교, 계란 흰자 등을 이용한 천연 접착제 대신 합성수지가 자리 잡기 시작했다. 우리나라는 1970년대 합성수지가 들어온 때부터 합성수지 접착제를 이용한 접합 및 복원이 이루어졌다. 그러나 점점 합성수지 접착제가 지닌 한계가 드러나고 있어 이와 관련한 연구와 새로운 접착제의 개발을 추진하고 있다.

[국립청주박물관]
유물 복원할 때, 순간접착제가 사용된다고?

* 유기물을 가열할 때 생기는 검고 끈끈한 액체

◦ 한반도에서 출토된 로만글라스 ©국립경주박물관

◦ 〈기마 인물형 토기〉주인상(위) 하인상(아래) ⓒ국립중앙박물관

장식품이 아니라 주전자라고요?

기마 인물형 토기 : 컴퓨터 단층 촬영

문화유산 속을 들여다보다

경주 〈금령총〉은 1924년 일본인에 의해 금제 방울이 발굴되어 이름 붙은 고분이다. 일제강점기 조선총독부에 의한 고적 조사 사업이 실시되는 중, 1921년 〈금관총〉의 발견에 이어 근처에 위치하고 있던 〈금령총〉 조사가 시작되었다. 이때 출토된 2점의 〈기마 인물형 토기〉는 신라의 문화를 뛰어난 조형미로 표현한 문화재로 인정받아 1962년 국보로 지정되었다. 발굴 당시 피장자 머리맡에 있는 옻칠이 된 상자 아래에서 수습되었는데, 이는 매장 당시에도 〈기마 인물형 토기〉가 중요했다는 사실을 짐작하게 한다.

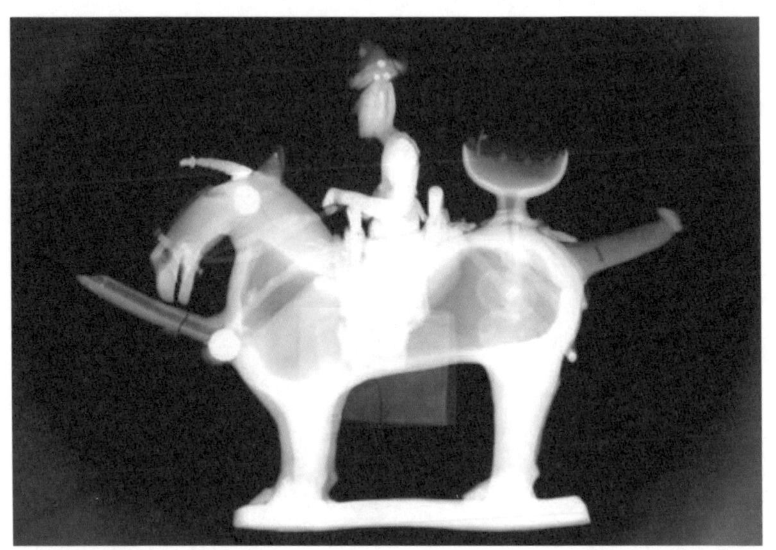

◦ 〈기마 인물형 토기〉CT 촬영 사진 ⓒ국립중앙박물관

◦ 〈기마 인물형 토기〉출토되기 전 ⓒ국립중앙박물관

차림새나 크기가 차이가 있어 2점은 신분이 서로 다를 것으로 추정한다. 차림새가 호화스럽고 큰 인물은 주인, 소박하고 작은 인물은 하인으로, 주인상을 보면 호화로운 관모를 쓰고 갑옷과 마구류 일체를 완벽히 갖추고 있다. 말의 이마에는 실제 말에는 없는 코뿔소의 뿔과 비슷한 것이 붙어 있어 의례용으로 특별히 제작된 토기로 보인다. 하인상은 조금 차이가 있지만 기본적으로 주인상과 같다. 상투 머리에 수건을 동여맨 채 상체는 벗고 오른손에는 방울 같은 것을 들고 있는데 말의 장식은 주인상보다 허술한 편이다. 〈기마 인물형 토기〉는 인물과 말을 투박하나마 사실적으로 묘사하고 있어 당시의 복식 문화와 마구류 연구에 중요한 자료이다.

신라의 토우*는 3~6세기에 제작된 것으로 문헌에는 기록되지 않는 신라인의 생활, 풍습, 사회상을 담고 있다. 토우는 대부분 다산과 풍요를 기원하고 현재의 삶이 죽어서도 계속 이어진다는 염원을 담아 순장을 대신하여 무덤에 넣은 것으로 보인다. 형태가 간략하고 과감히 생략된 부분이 많다. 이는 표현하고자 하는 의미만을 담아 상징적으로 만든 것으로 신라의 공예 기술과 미적 감각을 엿볼 수 있다.

2020년 국립중앙박물관에서 개최된 '빛의 과학, 문화재의 비밀을 밝히다' 특별 전시에서 〈기마 인물형 토기〉는 '주전자'라

* 흙으로 만든 사람이나 동물의 상. 종교적·주술적 대상물, 부장품, 완구 따위로 사용했다.

고 밝혔다. 〈기마 인물형 토기〉의 내부 구조를 CT 촬영 등의 과학적 방법으로 확인한 결과 240cc 정도의 용액을 담을 수 있는 주전자라고 명확하게 밝힌 것이다. 사실 CT 촬영 이전에도 주전자라는 주장은 있었다. 말 엉덩이 위에 있는 모양 장식에 구멍이 나있어 물을 담을 수 있게 보였고, 말 가슴에 주전자 주둥이처럼 툭 튀어나온 대롱 모양이 있었기 때문이다.

첨단기술과 보존과학과의 만남

문화유산은 방사선을 이용한 진단을 많이 활용한다. 유물을 파괴하지 않는 비파괴 검사*로 내부 구조를 파악할 수 있으며 이를 통해 제작 기법 등 다양한 정보를 얻을 수 있기 때문이다.

흔히 '보존과학자'를 '의사'로 비유하는데 사람의 신체를 최첨단 의료기기 등을 이용하여 진단하듯 문화재도 그렇게 조사하며 진단하기 때문이다. 1980년대부터 문화재 진단에 X-선을 이용하였고 2009년에는 CT 촬영이 도입되었다. 하지만 병원에서 쓰이는 CT로는 다양한 크기와 형태인 문화재에 적용하기 어

* 문화재 분석에는 파괴 분석과 비파괴 분석이 있다. 문화재 특성상 파괴 분석을 조심스러워하며 비파괴 분석을 많이 하지만 정확한 결과라고 여기기 보다 다른 연구 결과와 함께 비교하는 등 참고 자료로 활용하는 편이다. 향후 과학 기술의 발전으로 보다 정확한 비파괴 분석법이 나오길 기대하고 있다.

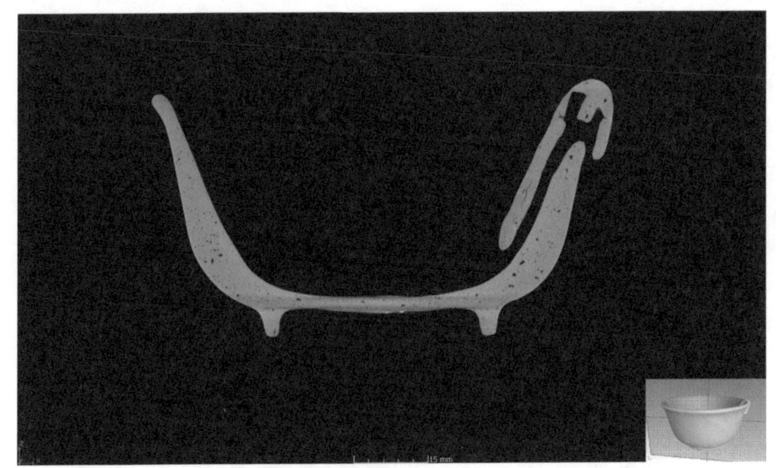

∘ 사이펀의 원리가 담긴 계영배 ⓒ국립중앙박물관

∘ 〈백자 양각 쌍학문 계영배〉ⓒ국립중앙박물관

려웠다. 그래서 유물을 안전하게 고정한 후 회전시키고 X-선을 연속적으로 투과할 수 있게 개선하였다. 이로써 수천 장의 2차원 투과 영상을 3차원 공간 데이터로 재구성하여 문화재 내부의 구조를 분석하는 것이 가능해졌다.

경계한 계戒, 찰 영盈, 잔 배杯의 〈계영배〉는 조선시대에 만들어진 특별한 백자이다. '가득 참을 경계하는 잔'이라고 알려진 이 잔은 겉보기에는 예쁘게 생긴 백자이지만 물을 부으면 채워지지 않고 아래로 빠져버린다. 현대 과학에서는 이를 '사이펀Siphon의 원리'라고 하는데, 대기압, 액체 무게, 중력의 작용으로 일어나는 현상이다. 적당한 양 이상 액체가 채워지면 내부의 특별한 구조에 의해 물이 빠져나가는 것이다. 이 비밀스러운 구조는 눈에 보이지 않는다. 이를 직접 확인하려면 단면으로 잘라야 하는데, 유물의 내부가 궁금하다고 하나뿐인 문화유산을 잘라 확인할 수는 없는 노릇이다. 이럴 때 필요한 것이 CT이다.

과거의 선비들은 늘 곁에 문방사우라 하여 붓, 먹, 종이, 벼루 네 가지 도구를 친구라 여겼는데 더불어 이들의 곁을 지키는 연적은 먹물을 만들기 위해 물을 담는 용도로 초기에는 그릇을 사용했다. 조선시대에 들어와서는 선비들의 취미로 수집한 것으로 보인다. 특히 19세기부터 상형 연적이 제작되어 조형적 요

[국립중앙박물관]
절제의 미덕 계영배와 사이펀의 원리

◦ 〈백자 투각 매화 새 용무늬 연적〉ⓒ국립중앙박물관

소가 더욱 발전하는데. 그중 〈백자 투각 매화 새 용무늬 연적〉은 물을 담는 해태 모양의 내기가 있으며 매화, 새, 대나무, 용무늬가 화려하게 투각 장식이 이루는 정육면체의 외기를 이루는 이중 구조로 이루어져 있다. 이러한 생김새로 인해 해태 모양의 내기를 눈으로 확인하기 어렵고 연적이라는 기능이 어떻게 구현되어 있는지 상상하기 힘들다. 이럴 때도 CT 촬영은 궁금증을 해결해준다.

[국립중앙박물관]
조선시대 연적의 내부 구조와 물길

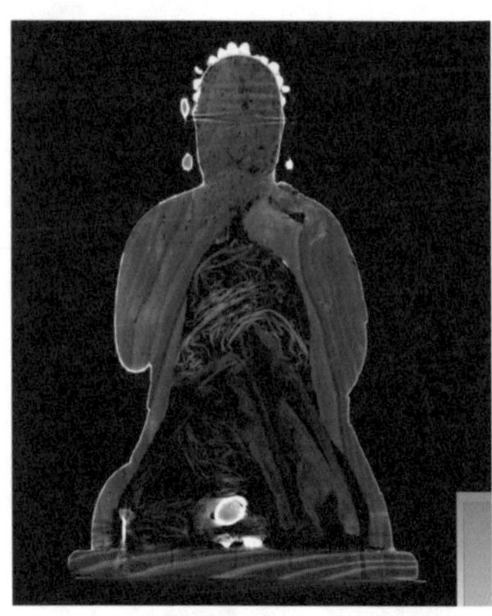
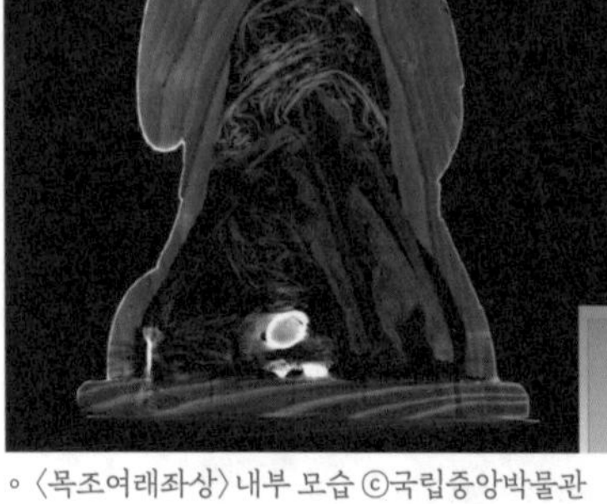

∘ 〈목조여래좌상〉 내부 모습 ⓒ국립중앙박물관

∘ 〈목조여래좌상〉 ⓒ국립중앙박물관

CT 촬영은 도자기 외에도 여러 재질의 문화재에 다양하게 적용된다. 2005년 〈공주 수촌리 고분군〉에서 발견된 백제 〈금동신발〉에서 40대 남성의 것으로 추정되는 발뼈가 발견되어 학계는 물론 대중의 큰 관심을 모은 일이 있었다. 당시에는 병원에서 사용하는 의료용 CT만 있어 서울대병원으로 옮겨 촬영했는데 오른쪽 신발에서는 발가락뼈를 제외한 뼈 전부가, 왼쪽 신발에서는 발꿈치뼈가 확인되었다. 그 전까지만 해도 출토된 〈금동신발〉을 두고 무덤 주인공이 살아있을 때 실제로 신발을 신었는지, 신발의 크기가 유난히 큰 이유는 무엇인지, 금동신발을 둘러싼 여러 가지 의문이 있었다. 그런데 〈공주 수촌리 고분군〉의 금동신발에서 발견된 뼈로 인해 금동신발을 죽은 이의 발에 직접 신겼음을 확인한 것이다.

〈금동 반가사유상〉과 같은 불상 내부의 모습도 궁금할 것이다. 보통 불상의 내부에는 '복장 유물'이라 하여 불상을 만들 때 경전 또는 사리 등을 모셔두는데 이는 당대의 역사적 자료로서 매우 중요하다. 이를 확인하는 수단으로 CT가 많이 활용되고 있다. 전문가들은 향후 기술이 더 발전하면 지금보다 더 나은 과학적 방법으로 복장 유물에 대한 조사가 이루어질 것이라고 기대하고 있다.

컴퓨터 단층 촬영

[국립경주박물관]
박물관의 보존 처리
: 컴퓨터 단층 촬영

디텍터가 X-선을 360°로 회전하면서 촬영한 수백, 수천 장의 2차원 자료를 컴퓨터로 재구성하여 3차원 영상으로 구현한다. 일반적으로 시행하는 X-선 투과 조사의 경우 2차원 투과 영상이라 내부 구조의 상하가 겹쳐 보이는 단점이 있다. CT는 X, Y, Z축 단면과 이를 이용한 3차원 입체 영상을 볼 수 있어 정확한 형태를 확인할 수 있고 크기와 부피 측정도 가능하다. 또한 VG Studio Max라는 프로그램을 통해 3차원으로 얻은 데이터를 구분하여 각 부분을 독립된 자료로 만들 수 있다. 즉 문화재를 분해하지 않아도 구성 요소의 이미지를 획득할 수 있는 것이다. X-선은 두껍거나 밀도가 높으면 잘 투과되지 않지만 CT는 원하는 내부 구조 이미지까지 얻을 수 있다.

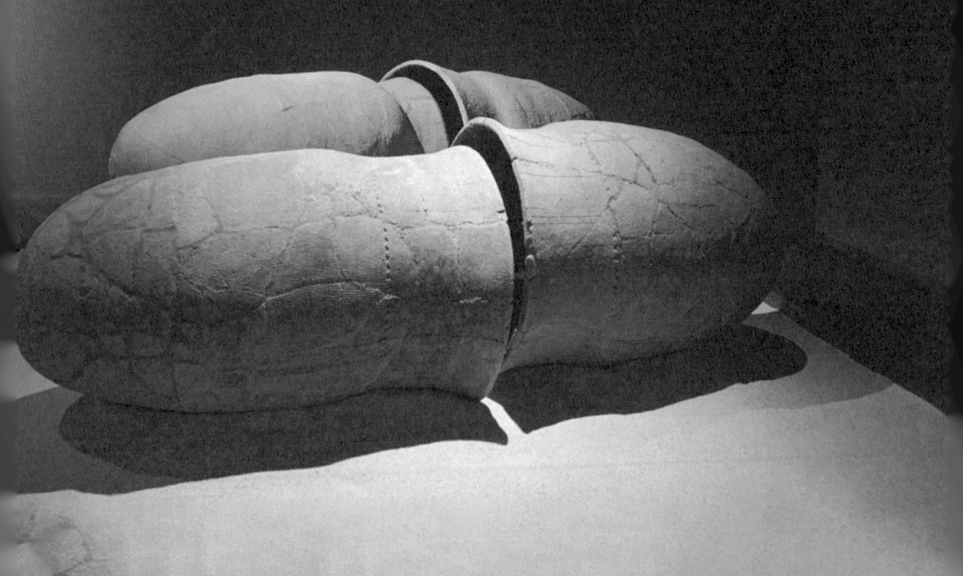

◦ 거대한 옹관

무덤으로 사용된 토기

나주 옹관 : 옹관 제작 과정과 유통 관계

이 큰 옹관은 대체 어디에서 왔을까?

고대 한반도 남부에는 독특한 장례문화가 있었다. 토기로 만든 무덤 '옹관'이 그것이다. 중국, 일본 등에서도 선사시대부터 옹관으로 매장이 이루어졌다. 주로 유아의 관으로 사용되었는데 영산강 유역에서는 특이하게 현대 기술로도 만들기 쉽지 않은 성인 키를 훌쩍 넘는 거대한 옹관을 제작했다. 대형옹관은 오로지 관으로 이용하기 위하여 만들었다. 300~400년에 걸쳐 조성된 〈나주 복암리 3호분〉은 시간의 흐름에 따른 매장 방식의 변화까지 확인할 수 있다. 초기에는 옹관과 목관을 함께 사용하였고 후에는 돌을 이용한 석실분으로 변화한다.

영산강 유역을 중심으로 형성된 특별한 대형옹관은 마한 지역이 백제로 편입되는 과정을 보여주는 중요한 흔적으로 역사적 의미뿐만 아니라 제작 기술에 대한 궁금증으로 이어졌다. 이에 국립나주문화재연구소의 주도로 연구와 복원이 진행되었다.

옹관 생산유적으로 추정되는 〈나주 오량동 옹관 가마터〉 발굴 조사를 통해 '대형옹관 제작 고대 기술 복원 프로젝트'에 필요한 자료를 확보하고 자연과학적 성분 조사가 진행되었다. 그 결과 〈나주 오량동 옹관 가마터〉에서 80여 기의 가마가 확인되었고 삼국시대인 5세기 후반에서 6세기 초까지 약 100년에 걸쳐 옹관을 생산했던 것으로 추정했다. 크기가 길이 209㎝, 무게 200㎏에 달하는 〈나주 화정리 마산 3호분〉의 1호 옹관묘처럼 커다란 크기로 제작하려면 그 이상의 높이가 필요하다. 그래서 자연 경사면을 활용한 구릉지대에 가마터가 조성되어 있다. 육안으로도 손누름 자국 등 옹관에 남아있는 다양한 제작 흔적이 확인되는데 커다란 옹관은 한 번에 올리지 못하고 일정 높이로 성형하고 건조를 시킨 후 다시 그 위를 올리는 분할 성형을 한 것으로 보인다. 이는 3D 스캔, CT 촬영, X-선 촬영 통해 확인되었는데 외면의 문양이 윗부분과 아랫부분이 달랐기 때문이다. 테쌓기에 사용된 점토 띠의 두께는 5~7㎝이고 20~40㎝ 단위마다 분할 성형으로 인한 흔적도 확인할 수 있었다.

토기를 만드는 가장 원시적인 방법은 손으로 주물러서 형태를 만드는 '손빚기법'으로 소형 토기, 토우, 토용을 만들 때 사용된다. '테쌓기법'은 일정한 굵기로 점토 띠를 만들고 이를 한 단씩 쌓아 올리는 방법으로 내부를 보면 테를 접합한 흔적이 남아있다.

물레가 언제부터 등장했는지 정확한 기록은 없지만 출토되는 유물을 통해 기원 전후 김해 지역 토기에서 물레의 흔적을 찾을 수 있다. 물레의 사용으로 인한 대량생산이 가능했으며 이러한 기술적 진보는 여러 형태의 토기를 탄생시켰다.

10년에 걸친 프로젝트

2001년부터 시작된 〈나주 오랑동 옹관 가마터〉의 발굴은 거의 10년에 걸쳐 이루어졌다. 2005년에는 실험고고학*으로 접근하여 고고학자뿐만 아니라 자연과학자, 미술사학자, 옹기장인 등 다양한 전문가들을 모아 연구와 토론을 진행했다. 대형옹관의 제작은 현대 기술로 복원하기까지 수많은 시행착오를 겪었다.

'대형옹관 제작 고대 기술 복원 프로젝트'는 태토(흙) 준비, 토기를 만드는 성형, 만들어진 토기를 구울 가마 제작, 가마에서 굽는 소성 과정으로 진행되었다.

먼저 태토를 준비하는데 점성이 좋은 점토와 석영, 장석, 운

* 고고학의 한 분야로 물질자료 및 문화의 흔적을 직접 재현, 제작하여 그 과정과 기술을 연구한다.

토기 만드는 방법

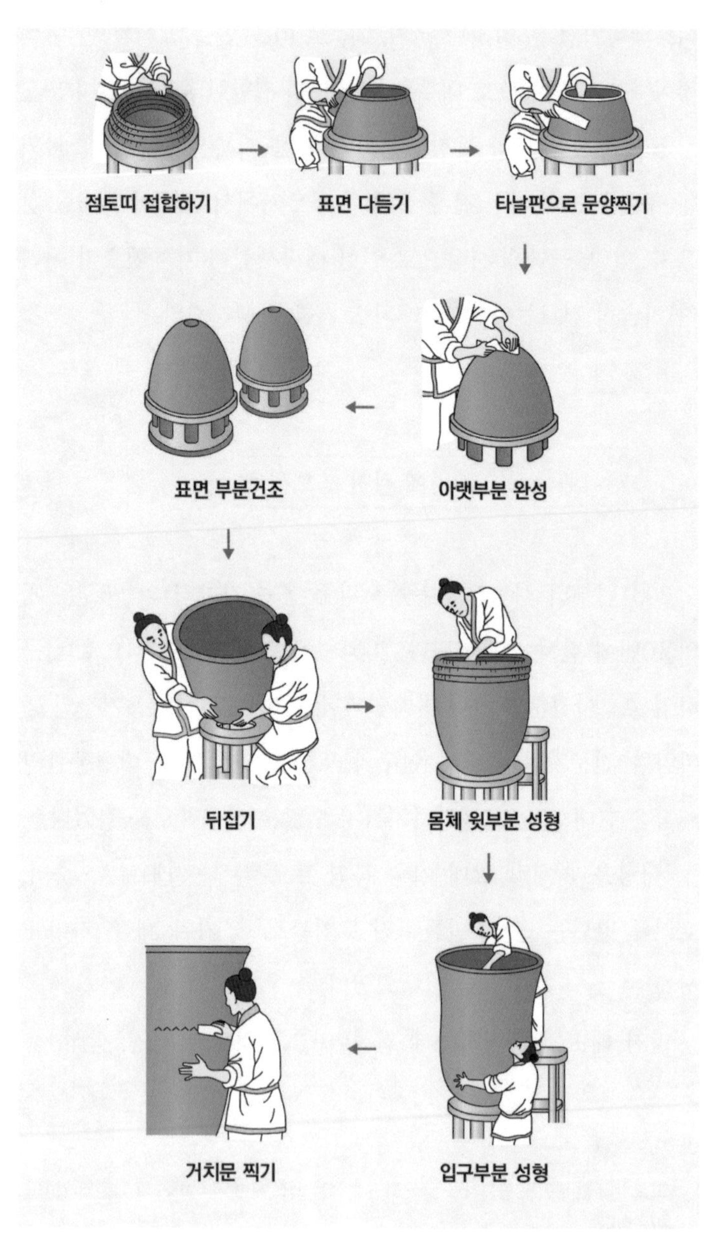

◦ ©국립나주문화재연구소

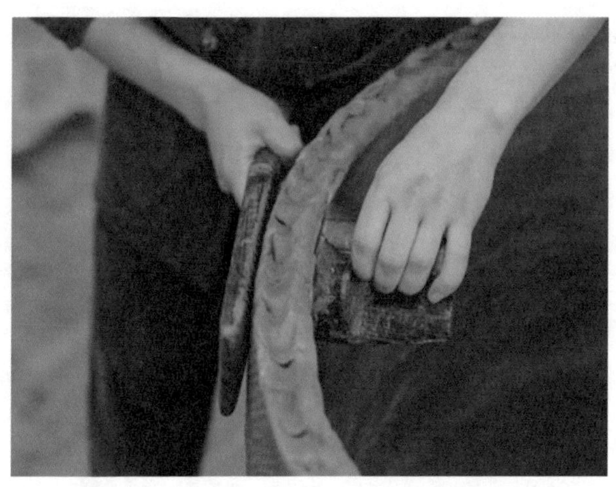

◦ 타날구와 내박자를 이용하여 점토 내의 공기 등을 빼내어 기벽을 단단히 하고 문양을 새긴다. ©국립나주문화재연구소

모, 활석 등의 광물을 비짐(첨가물)으로 넣는다. 비짐을 넣는 이유는 점토만으로는 적당한 점성을 유지하지 못하고 건조 과정에서 균열이 생기는 것을 막기 위함이다. 비짐을 적당한 비율로 섞어 여러 번 뒤집고 두드리면 태토 안의 공기가 제거되고, 일정한 덩어리로 만들어 숙성시키면 점력이 좋아진다. 나주 옹관의 태토를 분석한 결과 점성이 강하고 비짐이 다량 섞여 있는 것을 알 수 있었는데 이는 옹관의 거대한 크기로 인해 건조와 소성 과정에서 발생하는 수축률을 줄이기 위한 것이다. 준비된 태토로 몸체 아랫부분을 뒤집어서 만들고 건조 후 바르게 세워 윗부분을 마저 제작하고 옹관의 입구를 마지막으로 성형한다. 그런 다음 무늬를 내는 '타날구'와 토기의 외벽을 두드릴 때 안쪽에

받치는 '내박자'를 이용하여 기벽을 단단히 만들고 문양을 새기면서 형태를 완성한 뒤 최소 한 달 그늘에서 서서히 건조한다.

산 넘어 산

성형한 옹관을 구우려면 가마를 제작해야 했다. 대형옹관 생산지로 밝혀진 〈나주 오량동 옹관 가마터〉를 고증하여 2008년부터 2012년까지 3차례에 걸쳐 가마를 제작하고 6차례 소성 실험을 진행하여 오량동 가마와 동일한 가마를 만들기 위해 노력했다.

가마 만드는 방법은 두 가지다. 하나는 바닥에 나무로 지지대를 세우고 대나무를 구부려 아치형의 천장 골격을 만드는 방법이다. 또 다른 하나는 중앙에 지주목을 세우고 삼각형이 되도록 대나무를 고정하는 방법이다. 두 방법 모두 가마 천정을 볏짚과 띠풀로 덮어 만드는데, 점토와 볏짚을 잘게 썰어 물과 섞은 다음 하루 정도 숙성시켜 5cm 두께로 5~7번 반복해서 약 30cm 정도로 덮어준다. 시간 간격을 두고 여러 차례 지붕을 덮으면 건조 시간도 단축하고 균열이 생겼을 때 보수할 수 있어 튼튼한 구조를 가질 수 있다. 굽기 전에 가마 내부의 골격을 이루고 있던 대

[국립나주문화재연구소]
다시 태어난 대형옹관의 비밀 (제작실험)

나무와 띠풀을 태워 내부 공간을 확보한다.

처음에는 〈나주 오량동 옹관 가마터〉가 토기를 굽던 가마인지 옹관을 굽던 가마인지 의견이 대립했다. 옹관이 매우 크기 때문에 가마에 들어가지 않았을 거라 판단했기 때문이다. 하지만 계속된 발굴을 통해 가마가 경사 10도 이하 완만한 곳에 있고 높이 2m 이상의 천장이 확인되면서 옹관을 굽던 가마로 확인되었다. 이후 옹관을 만드는 공방으로 추정되는 건물지가 확인되었는데 한쪽 벽이 10m에 달했다.

복원 제작한 대형옹관은 크기뿐만 아니라 무게가 200㎏에 달한다. 이 옹관을 어떻게 가마로 옮길지도 풀어야 할 과제였다. 프로젝트 초기에는 모래나 왕겨를 깔고 굴려보고 이후에는 광목천을 이용하여 가마 입구까지는 이동했으나 거기에서 멈추고 말았다. 옹관을 가마 깊숙이 밀어 넣어야 했는데 방법을 찾지 못해 옹기 장인에게 물어보았더니 "실제로 옹기를 만들고 굽는 입장에서 생각해라. 입구를 뜯고 다시 만들면 된다."는 대답이 돌아왔다. 발굴 조사 내용을 살펴보니, 입구의 벽체를 다시 만든 흔적이 있었다.

가마 속 온도 변화를 측정하기 위해 다채널 온도측정기와 적외선 열화상 카메라로 가마의 내·외부를 매시간 측정하였다. 가마의 불은 '피움불→작은불→중불→큰불' 순으로 평균 4~5일에 걸쳐 불을 땐다. 피움불은 가마 내부와 옹관의 습기를 제거하는 예열 과정으로 온도는 왕겨와 장작을 이용하여 200℃ 이하

가마 천정을 만드는 방법

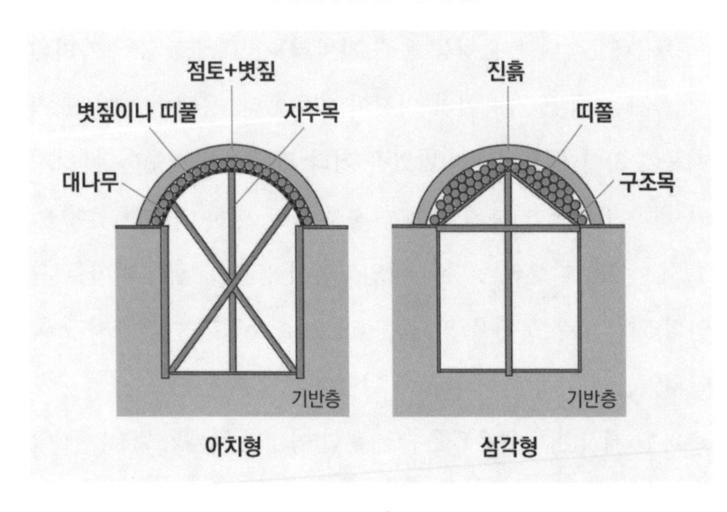

◦ ⓒ국립나주문화재연구소

를 유지한다. 1차 돋음불인 작은불은 장작을 이용하여 본격적으로 때는데 온도는 500℃ 정도를 유지한다. 2차 돋음불인 중불은 불길이 중앙으로 모이는 가마의 성질 때문에 내부 온도가 차이 나지 않도록 신경 쓰면서 아궁이 중앙과 양쪽 끝에 장작을 골고루 넣어 800℃를 유지하도록 한다. 마지막으로 큰불 때는 장작을 5분 간격으로 한 시간에 30~40개씩 떼어 가마 내부 온도가 1,100℃에 이르게 한다. 이때 가마의 아궁이와 굴뚝에 흙을 발라 밀폐시키고 천장에도 흙물을 전체적으로 덧발라 열기가 새지 않도록 마무리해준다. 1,100℃ 이상으로 온도를 높여야 옹관의 형태가 단단해지고 표면에 광택이 나기 때문에 최고 온도가 되었을 때 밀폐하는 것이다. 그러면 가마 내부에서 산화와 환원 반응 등이 이루어져 다양한 색의 옹관이 탄생한다. 산화되어 구워진 옹관은 주로 적갈색, 암갈색, 황갈색을 띠며 바닥에는 원형의 흑반이 보인다. 환원되어 구워진 것은 주로 회색, 흑회색, 흑색을 띠며 바닥은 원형의 황갈색 흔적이 보인다.

만들어진 대형옹관은 어디로 갔을까?

영산강 유역에서 출토되는 옹관에 대한 태토의 산지나 제작 기법 연구를 통해 〈나주 오랑동 옹관 가마터〉에서 생산된 대형 옹관들이 어디로 이동되었는지 알아보는 유적 간의 연관성을 찾아보려는 노력이 있었다. 〈나주 오랑동 옹관 가마터〉에서 출토된 옹관 편 7점과 1km 떨어진 〈나주 운곡동 유적〉 고분 출토 옹관 편 9점에 대해 자연과학적 분석을 실시한 것이다.

분석 시료는 대부분 환원 반응으로 제작된 회색 계열로 격자 두드림무늬가 동일하게 확인되었다. 또한 내·외면의 색상을 공인된 방법으로 비교하기 위해 국제 토양학회에서 사용하는 먼셀 토색첩Munsell Soil color Chart 분류 방식으로 색상, 명도, 채도 값을 기준으로 관찰하였더니 내·외면의 경우 거의 회갈색을 띠지만 단면 색상은 회색과 회갈색 계열로 확인되었다.

X-선 회절 분석 결과 두 유적 모두 1,050~1,150℃와 1,000~1,050℃에서 구워졌다. 이는 가마 내부 모두를 일정한 온도로 유지하는 것이 현실적으로 어려운 일이었으리라 짐작되므로 1,000~1,150℃에서 소성이 이루어졌다고 말할 수 있다. 이 같은 분석 결과를 통해 〈나주 오랑동 옹관 가마터〉에서 구운 대형옹관을 〈나주 운곡동 유적〉으로 옮겨왔을 것이라 추정할 수 있었다.

1,500년 전의 사람들의 삶을 복원하는 길

영산강 유역 대형옹관의 생산과 유통 관계를 밝히기 위해 〈나주 오랑동 옹관 가마터〉 유적을 중심으로 20km 이내(해남 2곳

◦ 산화소성 : 굴뚝과 아궁이 입구를 개방하여 산소를 유입시켜 굽는 방법 ©국립나주문화재연구소

◦ 환원소성 : 굴뚝과 아궁이를 막아 산소 유입을 차단하여 굽는 방법 ©국립나주문화재연구소

예외)에 위치한 유적 25곳을 대상으로 수습한 204점의 시료를 분석하였다. 〈나주 운곡동 유적〉, 〈나주 복암리 유적〉, 〈나주 다시들 유적〉, 〈나주 화정리 마산 고분군〉 등 영산강 유역 대형옹관에 대한 자연과학적 분석 결과 〈나주 오량동 가마유적〉에서 생산한 옹관의 광물학적, 지구화학적으로 동질성이 상당하다는 것을 확인하였다. 영산강 지역은 〈나주 오량동 옹관 가마터〉에

서 생산한 옹관을 사용했던 것이다.

2001년 〈나주 오랑동 옹관 가마터〉 발굴을 시작으로 2008년 국립나주문화재연구소의 주도로 시작된 대형옹관 제작을 통한 고대 기술 복원 프로젝트는 10년 동안 많은 연구자와 전문가들, 국가의 지원으로 가능했다. 1,500년 전 사람들은 어떻게 살았으며 죽음에 대해 어떻게 생각했는지 옹관을 통해 그들의 삶과 문화가 전해지는 다양한 시도는 지금도 계속되고 있다.

암석? 광물? 토양? 점토?

암석은 한 가지 또는 두 종류 이상의 광물이 모여 있는 것을 말한다. 광물은 자연적으로 생겨난 고체로, 특정 화학 성분과 결정 구조를 지닌 것을 말한다. 광물에 대한 연구는 19세기 중엽부터 화학 조성에 따라 총 3,700종이 보고되었다.

암석이 풍화 작용이나 물리·화학적 작용으로 부서지고 분해되면 토양이 된다. 토양은 규산염 광물로 구성된다. 규산염 광물은 지각의 90% 이상을 차지하며 많은 종류의 원소가 결합되어 있어 화학 조성이 다양하고 복잡하다. 토기에 대한 분석은 이러한 광물의 종류와 온도에 따른 변화, 결정 구조 등을 통해 이루어진다.

석영 : 석영은 규소와 산소만으로 구성된 광물로 화성암, 변성암, 퇴적암 모두에서 확인된다. 입자는 매우 작아서 전자현미경, X선-회절 분석기 등을 통해서 관찰할 수 있다.
장석 : 지각에서 60%를 차지하는 가장 흔한 광물이다. 석영과 합치면 지각의 75%를 차지한다. 결정형에 따라 정장석과 사장석으로 구분된다.

운모 : 성암이나 변성암에서 흔히 볼 수 있다. 백운모는 무색에 가깝게 투명하고 흑운모는 철 성분 때문에 짙은 갈색을 띤다.

녹니석 : 녹색을 띠는데 흔히 철, 마그네슘을 함유하는 감람석, 흑운모, 각섬석, 휘석 등이 변질을 받아 생긴다.

토양은 입자의 크기에 따라 점토(0.002mm), 실트(0.002~0.05mm) 모래(0.05~2.0mm)로 나뉜다. 그중 점토로 토기나 도자기 등을 만든다. 외부의 힘을 이용하여 점토의 형태를 변형하면 추가로 힘을 가하지 않아도 변형된 상태를 유지하는 것을 가소성이라 한다. 점토는 건조된 이후 수분을 모두 잃어버려도 그 형태가 유지된다. 하지만 또다시 수분이 생기면 형태는 유지되지 못한다. 어린 시절 찰흙놀이를 생각하면 된다.

점토 입자는 수분이 마르면서 가소성이 줄어들고 수축이 일어난다. 점토를 이용하여 토기를 만들고 건조할 때 자연 상태로 건조할 경우 5~8% 정도 부피가 작아진다고 알려져 있다. 토기를 불로 굽는 경우 소성 과정에서 탈수가 일어난다. 보통 100℃ 이상이 되면 점토에 함유된 물이 빠져나가고 300℃ 정도가 되면 점토 광물 층 사이에 있는 층간수가 빠져나온다. 600~700℃에서는 결정 구조가 파괴되기 시작하고 800℃에서 결정수와 구조수의 분해가 일어난다. 이때 물이 있던 공간에 기포가 형성된다.

'초벌구이'는 700~900℃에서 하는데 경질 도기의 경우 1,200℃ 내외에서 소성한다. 초벌구이를 한 도기에 유약을 발라 다시 굽는 것을 '재벌구이'라고 한다. 이때 굽는 방식에 따라 가마 안에 공기를 유입시켜 산소를 공급해주면 유약 속에 포함되어 있는 금속 산화물이 산소와 결합하는 '산화 소성'이 일어나 황갈색 계통으로 구워진다. 가마와 외부 환경을 완전히 차단하여 일정한 압력을 유지하고 온도는 낮추는 '환원소성'은 회색, 회청색, 흑회색을 띤다. 산소의 유입을 막아 불완전연소가 되면서 탄소가 빠져나오지 못하고 흡수가 되어 색이 짙어지는 것이다.

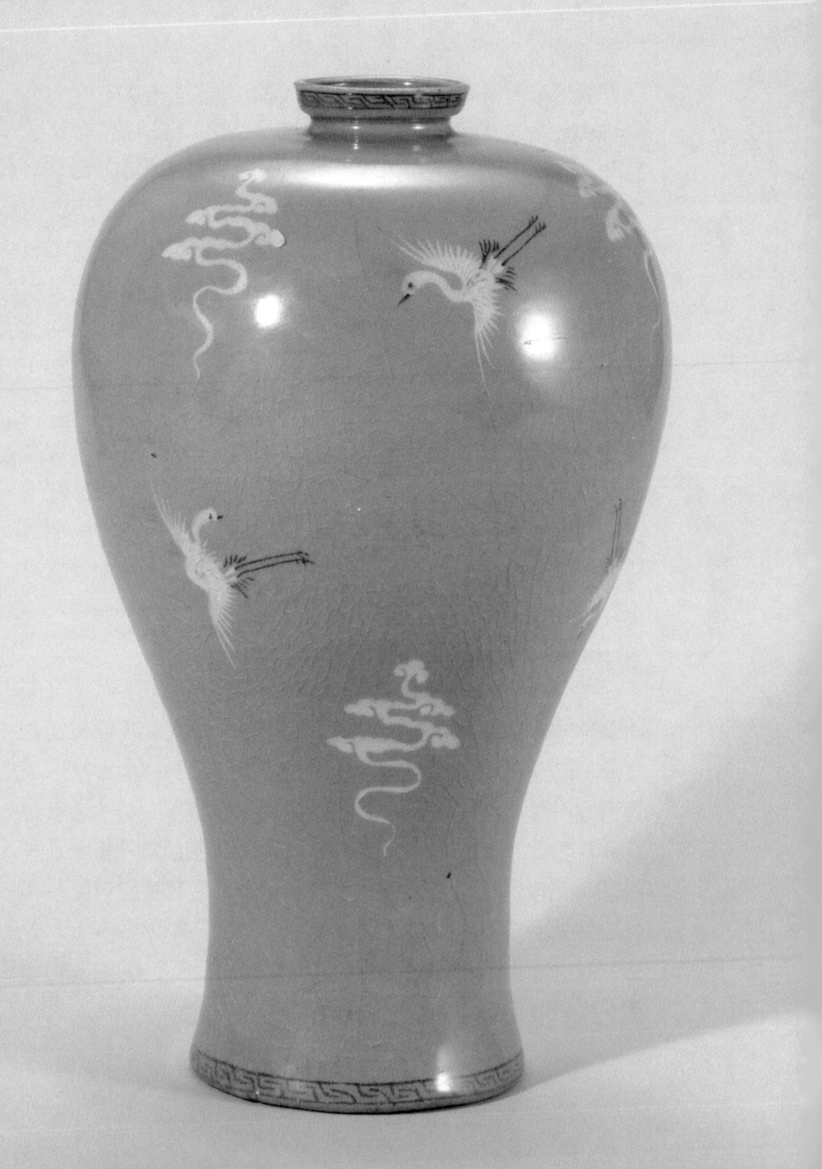

◦ 〈청자 상감 구름 학무늬 매병〉©국립중앙박물관

중국을 넘어선 청자의 도약

상감 청자 : 흙과 불과 유약의 삼박자

1935년 간송 전형필 선생은 국보로 고려청자를 대표하는 〈청자 상감 운학문 매병〉을 일본 골동품상 마에다 사이이치로에게서 당시 기와집 20채에 해당하는 2만 원에 사들였다. 색과 상감기법으로 볼 때 〈청자 상감 운학문 매병〉은 12세기 중반 최고의 기술로 만들어져 당시 유력한 권력자가 소유했을 가능성이 높다. 도굴꾼인 야마모토가 강화도 무덤에서 훔쳐 경성 대화정 골동품상 마에다 사이이치로 손에 들어갔고 최종적으로 전형필 선생이 이를 구입한 것이다.

중국 남송의 태평노인이 쓴 고서 《수중금》에 "고려 비색은 천하제일"이라는 문장이 나온다. 북송의 외교사절로 고려에 온 서긍 또한 《고려도경》에서 고려청자를 두고 "가히 일품"이라

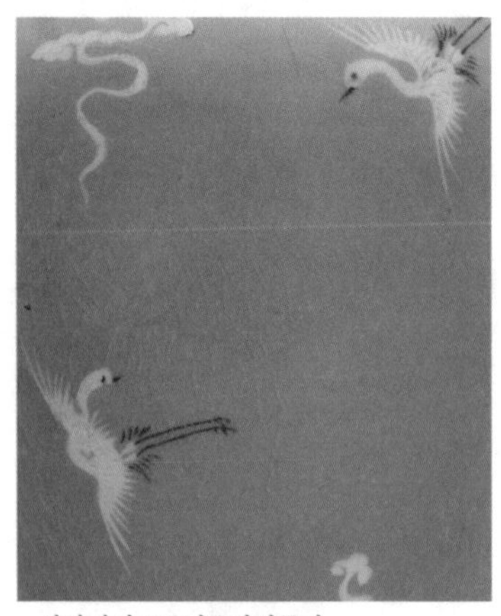
◦ 상감기법 ©국립중앙박물관

고 평했다. 도자기의 종주국이라고 할 수 있는 중국에서 고려청자를 두고 이렇게 평가한 이유는 무엇일까?

청자는 중국에서 5~6세기부터, 우리나라에서는 8~9세기경부터 생산한 것으로 보이는데 12~13세기 무렵에는 중국에서 극찬할 수준에 이른다.

중국 사신 서긍이 극찬한 비색翡色은 어떤 색일까? 〈장릉〉*에서 출토된 것으로 전해지는 〈청자 참외 모양 병〉의 빛깔을 의미하는 것으로 보이는데, 이는 〈강진 고려청자 요지〉**에서 출토된 청자 조각과 그 색이 거의 똑같다. 고려시대 청자를 생산했던 대표적인 가마터는 전라남도 〈강진 고려청자 요지〉와 전라북도 〈부안 유천리 요지〉 두 곳이다. 특히 강진의 경우 산과 계곡 주변에 가마가 밀집해서 들어서 있고 지금까지 확인된 청자 가마터 중에는 그 규모가 가장 크다.

고려의 비색청자는 〈강진 고려청자 요지〉에서 탄생한다. 왜

* 북한 황해북도 개성시 청교면 장릉리 일대, 고려 제17대 인종의 능.

** 고려시대 토기나 청자를 굽던 가마터로, 강진 대구면 용운리·계율리·사당리·수동리 일대에 분포되어 있다.

◦ 왼쪽〈청자 참외 모양 병〉, 오른쪽〈강진 사당리 가마터 출토 청자 편〉
두 청자의 색과 모양이 쌍둥이처럼 똑같다. ©국립중앙박물관

강진이 고려청자의 대표 지역이 되었을까? 연구자들은 이를 통일신라시대 장보고의 해상무역과 관련짓는다. 당시에는 서·남해안이 중국, 일본을 관통하는 지역으로 많은 선진 문물이 들어왔고 완도 청해진과도 멀지 않은 양질의 흙과 땔감이 풍부한 강진이 선택된 것으로 보인다. 국보·보물로 지정된 청자가 거의 강진에서 만들어졌다는 사실은 이곳에서 청자가 집중적으로 생산되었음을 의미한다. 〈부안 유천리 요지〉 가마터에서도 화려

◦ 청자 의자 편. 강진 사당리 가마터 출토 ⓒ국립중앙박물관

◦ 청자잔과 잔받침. 강진 사당리 가마터 출토 ⓒ국립중앙박물관

하고 장식적인 왕실 청자 조각이 발견되었는데, 고려 명종의 〈지릉〉*이나 희종의 〈강화 석릉〉, 〈파주 혜음원 유적〉에서 출토된 청자와 그 유사성을 확인할 수 있다.

'상감기법'은 중국이나 일본에서는 찾아볼 수 없는 고려만의 독창적인 기법이다. 바탕흙(태토)에 다른 종류의 흙을 메워 넣는 장식기법으로 도자기 표면에 흰색을 내는 고령토(백토)와 산화철이 포함되어 있어 붉은색을 내는 자토 등으로 문양을 장식한다. 여기에 맑고 투명한 유약과 기술력을 갖추어야만 이루어 낼 수 있는 고난도 장식기법이다. 12세기 중엽 일부에만 보이던 상감기법은 13세기가 되면 전면에 등장하고 고려의 아름다운 선에 다양한 문양과 도안 등으로 완성된다. 하지만 14세기 후반 고려가 기울면서 상감청자를 만들어내던 관영 수공업 체제의 〈강진 고려청자 요지〉는 쇠퇴의 길을 걷게 된다.

천하 비색의 비밀

도자기를 직접 제작하는 장인들은 물론 보존과학자들까지 고려청자의 비색을 규명하고자 수많은 시도와 연구를 하고 있다. 고려청자에 대한 과학적 분석은 색차 분석, 기공률 측정, X-

* 옛 경기도 장단군 장도면에 있는 고려시대 제19대 명종의 능.

선 회절 분석, 주사전자현미경을 이용한 미세구조 관찰 등 다각도로 진행되었다.

물체의 색은 빛을 받아 반사하거나 흡수, 투과하는 정도에 따라 다르게 나타나며 이러한 변화를 색차식을 이용하여 표현한다. 국제조명위원회CIE의 CIE L*a*b*값을 기준으로 고려시대 청자와 현대 청자의 유약을 비교하는 연구도 있었는데 고려청자와 현대청자의 값이 유사했다. 현대에 생산되고 있는 청자가 옛 고려청자 색에 거의 근접해가고 있다는 결과가 흥미를 끌었다.

태토에 대한 광물 조성에 대한 분석은 X-선 회절 분석을 이용한다. 유약을 벗겨내고 가루로 곱게 분쇄하여 분석하는데 1,200℃ 이상에서 생성되는 광물이 확인되어 청자는 1,200℃ 이상으로 구워졌다는 것을 알 수 있었다.

주사 전자 현미경으로 도자기의 단면을 보면 태토의 색상이 밝은 회색을 띠는데 이는 철의 함량을 줄였기 때문이다. 청자를 만들 때 사용되는 흙과 유약은 철, 티타늄, 망간, 인의 함량이 색에 영향을 미치는데, 고령토의 경우 철의 함량이 1.5% 이내, 산화티타늄의 함량이 0.2% 이내로 조사되었다. 고려의 도공은 비색을 얻기 위해 철과 티타늄의 함량을 최대한 조절하여 흙을 준비했던 것이다.

중국 청자와 다르게 고려청자는 유리처럼 투명한 비색이 특징이다. 이것은 유약을 바르기 전에 초벌을 하는 것이 그 비결로, 비색을 내기 위해 필요한 두께의 유약을 얻기 위한 것이라는 의견이 있다. 고려청자의 유약 두께는 시간이 지날수록 점차 두꺼워지는 경향을 보인다. 초기의 청자가 100~200㎛*이었다면 비색청자를 제작한 강진 사당리나 부안 유천리 청자의 경우 400~800㎛로 4배가 늘어났다. 또한 중국 청자와 달리 태토와 유약 사이의 중간층이 없는데 이는 고온이 유지되는 시간을 짧게 하고 빠르게 냉각했기 때문에 유약이 태토에 침투하지 않아 중간층 없이 더욱 투명하게 만들었다고 추측된다.

거기에 더해 번조 환경이 한몫하는데 가마 불을 때는 시간, 온도가 올라가는 속도, 고온을 유지하는 시간, 열기를 빼는 속도, 가마 안의 산소를 조절하는 환원 기법 등의 다양한 번조 기술이 고려청자의 색과 질감에 직접적인 영향을 미쳤다. 1,200℃ 이상으로 불의 온도를 높이고 가마 내 완전히 공기의 유입을 막아 내부의 산소까지 뽑아 내었기 때문에 천하 비색의 청자를 만들어낼 수 있었다.

질그릇을 처음 구우면 크기가 23% 작아진다. 초벌구이 흙에 다른 백토와 흑토를 채우는 상감기법으로 장식하고 다시 구우면 또 작아지면서 제대로 된 도자기가 완성되기 힘들다. 그러나 고려의 장인들은 이 어려운 일을 해냈다. 고려청자의 비색은 바로 이런 흙과 불과 유약의 황금비율이 잘 맞아떨어졌기 때문에

---

* ㎛(마이크로미터)는 미세한 길이를 나타내는 단위로, 1㎛는 0.001㎜에 해당. 100㎛는 0.1㎜다. 참고로 사람 머리카락의 지름은 약 70㎛(0.07㎜).

탄생할 수 있었다.

NFT, 진품을 소유하고 싶은 마음

2022년에 간송미술관은 세계기록유산인 〈훈민정음해례본〉을 개당 1억 원의 100개 NFT로 발행하여 화제를 모았다. NFTNon-Fungible Token는 '대체 불가능한 토큰'이라는 뜻으로 희소성을 갖는 디지털 자산을 말하는데 블록체인 암호화 기술로 고유한 표식을 부여하여 생산한다. NFT는 가상의 자산에 희소성과 유일성이라는 가치를 부여할 수 있어 최근 디지털 예술품, 온라인 스포츠 등을 중심으로 급격히 영역을 확대하고 있다. 4차 산업혁명이 만든 새로운 방식의 문화재 보존 방법이라며 환영하는 측과 문화유산의 가치가 상업 논리에 의해 훼손될 것을 우려하는 이도 있다.

〈고려청자〉, 〈훈민정음해례본〉 등 국보급 명품은 사람들의 소유욕을 자극한다. 문화재는 아무나 가질 수 없고 흉내 낼 수도 없기 때문이다. 재현품이 아니라 진품을 소유하고 싶어 하는 마음이 현대 기술과 만난 것이다. 이러한 시도가 가능한 것은 그만큼의 우수한 문화적 자산이 있어서다.

'인간이 만든 보석'이라는 최고의 찬사를 받는 고려청자는 당대는 물론 지금도 가치와 아름다움이 더해지고 있다. 고려청자는 하루아침에 나오지 않았다. 신석기시대부터 토기를 만들던 이들의 손에서 시작한 셀 수 없는 도전과 노력에 의한 것임을 잊지 말아야 한다.

◦ 김홍도 풍속화첩 중 〈우물가〉 ⓒ국립중앙박물관

숨 쉬는 토기

옹기 : 제작 방식에 담긴 과학적 원리

토기? 도기? 자기?

조선 후기의 대표적인 풍속화가 단원 김홍도의 작품에는 한국적 정서가 담긴 서민의 생활 모습이 많이 보인다. 그중 〈우물가〉에서 옹기로 빚은 물두멍을 볼 수 있다. 물두멍은 주로 옹기로 만들었고 물을 보관하는 용도 외에도 다양하게 사용되었다. 김홍도의 작품에 등장하는 물두멍은 우리가 흔히 말하는 옹기로 질그릇과 오지그릇을 말한다. '질그릇'은 진흙으로만 구워 만든 윤기가 없는 그릇을 말하며 '오지그릇'은 질그릇에 유약을 입혀 다시 구운 그릇으로 윤이 나고 단단한 그릇을 말한다.

넓게 말하면 옹기는 토기를 만들어 쓰던 신석기시대의 〈빗

◦ 옹기의 시작은 〈빗살무늬토기〉로부터 시작된다. ⓒ국립중앙박물관

살무늬토기〉부터 시작되었다. 삼국시대에 국가별로 독특한 특징이 나타나면서 이를 형식을 분류하고 편년으로 삼기도 한다. 《삼국사기》에 따르면 신라에는 '와기전'라는 부서가 있었으며, 고려에 들어서 토기의 자리에 도자기가 유행하게 되었지만 900℃에서 구워 흡수성이 높고 단단한 질그릇인 '경질 토기'도 계속 발전하여 저장 용기로 자리 잡았다.

조선 초 옹기는 한층 발전했는데 《경국대전》에 서울과 지방에 100여 명의 옹기장을 두었다는 기록으로 보아 실생활에서 많이 쓰인 것으로 보인다. 옹기가 본격적으로 만들어져 서민의 그릇이 된 것은 임진왜란 이후 18~19세기를 거치면서 식기류나 장독대 등이 만들어져 한국인의 삶과 문화에 파고들면서부터다.

그러다 19세기 말경, 일본의 신문물이 들어오면서 유약이 '광명단'이라는 화학약품으로 대체된다. 광명단은 일산화납으로 500℃ 낮은 온도에서도 녹아 땔감을 아낄 수 있었다. 광명단의 사용은 숨 쉬는 그릇이라 할 수 있는 옹기의 숨구멍을 막고 한국 음식의 발효를 가로막았다. 또한 납 성분이 있어 인체에 유해했다(1977년부터 보건사회부에서 사용을 규제했다).

1970년대 이후 플라스틱이나 금속으로 된 용기가 많이 등장하면서 옹기는 대중적인 용기로서의 자리를 내어주고 일부 발효음식 용기로만 사용되면서 쇠퇴의 길을 걷게 된다.

옹기가 숨을 쉬는 비밀

우리 선조들은 옹기가 물을 정화한다고 여겨 물을 보관하는 용도로도 많이 사용했다. 어떠한 원리가 숨어있기에 그럴까? 전통 옹기가 숨 쉬는 이유는 굽는 온도와 식물성 잿물 유약에서 답을 찾을 수 있다. 유약은 나뭇잎, 풀뿌리 등이 썩어 철분 함량이 많은 약토를 물에 풀어서 만든다. 약토와 나뭇재의 비율을 1:1로 하여 잿물을 만드는 것이다.

800℃ 이상의 고온에서 수분이 완전히 없어지면서 생기는 '루

사이트' 현상을 X-선 회절 분석에서 관찰할 수 있는데, 옹기 내벽에 있던 수분이 빠져나가면서 기공이 형성되는 현상이다. 이 기공은 옹기 내부와 외부의 공기 사이에 순환 작용을 일으켜 그릇 안의 노폐물은 내보내는 정수기 필터 역할을 한다. 이 구멍들의 크기는 1~20㎛ 크기로 공기는 드나들 수 있지만 물은 통과되지 않는다. 그렇기에 그릇이 숨을 쉰다고 표현하는 것이다. 루사이트 현상은 1,200℃ 이상의 고온에서 구워진 옹기에서만 확인할 수 있다.

김치, 고추장, 된장, 간장 등의 식문화는 '옹기'라는 특별한 그릇을 만나 지금까지 이어질 수 있었다. 지방마다 특색 있는 음식 맛은 장독에서 나온다는 말이 있을 정도로 지역별로 형태와

◦ 장독대 ©공유마당

종류가 다르고 부르는 이름도 다르다. 한 연구에 따르면 지역별로 옹기가 다른 것은 기온과 일조량의 차이에 따른 것으로 중부 지역은 일조량과 기온이 높지 못하여 자외선을 최대한 받을 수 있도록 아가리가 넓은 반면, 영·호남은 기온이 조금 높기 때문에 아가리를 좁혀 수분 증발을 억제하고 어깨를 넓혀 햇빛을 더 받도록 했다고 한다.

앞으로 연구가 더 이어져야겠지만 옹기에는 옛 땅이 지닌 오롯한 정신과 문화가 담겨 있음이 분명하다. 생활환경의 변화로 장독대 대신 김치냉장고가 그 자리를 대신하고 있지만 선조들의 지혜와 가치를 담은 옹기가 사라지지 않도록 지속적인 관심과 노력이 필요하다.

3부

목재

◦ 〈바람개비 문양 칠기〉 국립광주박물관 소장

썩지 않은 나무의 비밀

광주 신창동 출토 목기 : 수침목재의 보존 처리

2,000년 전의 타임캡슐, 신창동

광주 〈신창동 유적〉은 최초, 최고, 최대라는 수식어가 붙은 유적지이다. 1963년 이곳에서 옹관을 발견하면서 알려졌고, 1992년부터 2012년까지 총 13회에 걸친 발굴이 진행되었다. 〈신창동 유적〉은 한국에서 제일 처음 발견된 '저습지' 유적으로 벼를 재배한 밭벼도 최초 확인되었다. 벼 껍질이 남아 있는 층위가 200㎡로 벼 무게로 환산하면 500여 톤이다. 이는 동북아시아 벼 생산지 최대 규모이다. 유적에서 출토된 목기의 수량은 800여 점이 넘는데 무기류·농기류·공구·용기·제의구·방직구·악기·수레 부속구·건축 부재 등 다양하게 출토되었다. 도구마다 나무를 선택해서 만들어 사용했는데 농기구의 자루나 수레바퀴는 단단한 참나무를 이용했고, 북은 울림이 좋은 버드나무 등으로 제작했다. 또한 목기뿐만 아니라 칠이 묻은 토기가 출토되었다. 아마 옻 수액을 보관하거나 칠을 정제하는 용기로 쓰인 듯하다. 칠이 묻은 토기와 칠 주걱 등을 볼 때 〈신창동 유적〉에는 칠기 제작 기술을 가진 이들이 살았음을 추정해볼 수 있다.

신창동 사람들의 삶

2000년 전 광주 신창동 사람들은 어떻게 살았을까? 출토된 유적과 유물을 통해 상상해보자. 그들은 땅에 움(움푹 파인 구덩이)을 파 집을 짓고(움집), 나무로 만든 괭이로 논을 일구고, 낫으로 베어 쌀을 수확하고, 절구를 이용해서 쌀 껍질을 벗겨내고, 소쿠리로 껍질을 걸러내어 밥을 지어 먹고, 남은 곡식은 습기나 벌레의 피해를 막기 위해 땅으로부터 띄운 고상 가옥에 보관하였다. 베를 짜서 옷을 만들어 입었으며 신발을 신고 다녔다. 마을의 지도자는 권력을 상징하는 검을 옻칠을 한 칼집에 넣어 허리춤에 차고, 바람개비 문양으로 모양을 낸 목기를 목에 걸고, 비단옷을 입고 수레를 타고 다녔다.

5월에는 농사가 잘되기를 바라면서 씨를 뿌리고, 10월에는 그해에 수확한 곡식을 옻칠한 제기에 담아 제사를 지냈다. 마을 사람들은 마른 나뭇잎과 풀을 올려놓고 긴 나무막대를 양 손바닥에서 빠르게 비벼 불을 피우고, 잡아 온 멧돼지와 사슴, 우렁이, 다슬기, 재첩으로 음식을 해 먹었다. 하늘에 제사를 지내는 날에는 옹기종기 모여 술을 마시고 현악기를 켜고 북을 치면서 수십 명이 줄을 지어 땅을 밟고 손과 발로 장단을 맞추며 밤낮없이 놀았다. 그러던 어느 날 봄 여름 가을 겨울을 50번 정도 보낸 한 여성의 영혼이 먼 여행길을 떠나자 신창동 사람들은 그녀를 동쪽으로 누이고 두 손과 발을 가지런히 모아주고 작별 인사를 하였다.

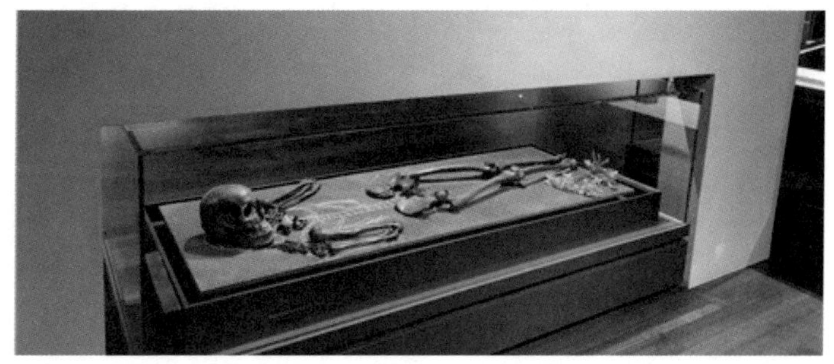

◦ 광주 〈신창동 유적〉에서 출토된 여성의 인골

역사가 현재를 바꾼 순간

1960년 한 향토 사학자에 의해 〈신창동 유적〉은 세상에 드러났다. 도로가 들어설 땅에서 예사롭지 않은 토기를 보고는 이를 사진 찍어 당시 국립중앙박물관에서 근무하는 김원룡 선생에게 목격한 내용을 상세히 적어 보냈다. 이후 서울대 고고인류학과 교수로 재직하게 된 김원룡 선생이 학생들과 함께 광주로 가 실습 발굴을 했고 기원 전후의 옹관 53기를 발견하여 학계에 보고하였다.

1992년 5월 광주에서 장성으로 가는 국도 1호선을 직선 도로로 바꾸는 공사가 시작되었는데, 당시 국립광주박물관에서 근무하던 연구사가 옹관이 발견된 곳 근처에 별다른 발굴 조사 없이 공사가 시작되자 혹시 하는 마음으로 현장에 나와 있었다. 그러던 중 유난히 색이 특이한 흙을 발견하고 박물관으로 가져갔다. 물속에서 담아온 흙을 체로 거르자 볍씨와 토기 편이 그 모습을 드러냈다. 그해 6월 국도 1호선은 계획을 변경하여 유적지를 피해 만들어졌다. 역사가 현재를 바꾸는 순간이었다.

하지만 1992년 당시만 해도 '저습지' 유적을 국내에서 발굴한 경험이 없었다. 이에 "발굴을 중단하고 먼저 해외에서 저습지 발굴 기술부터 배워오는 게 좋겠다."는 조언에 따라 김원룡 교수는 일본 나라문화재연구소에서 관련 정보와 기술을 배워왔고, 1995년 발굴이 재개되었다.

광주 〈신창동 유적〉에서는 초기 철기시대의 다양한 목기와 칠기 등이 출토되었다. 그중 〈바람개비 문양 칠기〉가 눈에 띈다. 앞면은 옻칠한 뒤 문양 부분을 제외한 부분을 파내어 표현하는 '박지 기법'으로 제작되었다. 문양의 구획과 배치 등이 청동 거울과 유사하여 제사에 쓰인 의기로 추정한다. 그렇다면 수천 년이 흘렀는데도 목기와 칠기는 어떻게 남아있을 수 있었을까?

문화재에서의 목재는 크게 '수침목재'와 '건조목재'로 나뉜다. 먼저 '건조목재'에 대해 알아보자. 우리나라에서 가장 오래된 목조 건축물은 안동에 있는 〈봉정사 극락전〉이다. 세계문화유산으로 지정된 사찰로 보수 공사하던 중 건물이 세워진 내력

◦ 안동〈봉정사 극락전〉©문화재청

과 안녕을 비는 글인 '상량문'이 발견되었다. 고려 공민왕 때 지붕을 수리했다는 기록이 상량문에 남아있어, 12~13세기경에 건축된 것으로 보고 있다. 천 년도 넘은 목재가 지금껏 남아있는 것이다. 이는 목재가 가진 특성에 비밀이 있다. 목재는 수분이 15~18% 미만으로 유지되면 미생물에 의한 피해를 막을 수 있다. 즉 썩지 않는다. 이렇게 알맞은 건조 상태의 목재는 관리를 잘하면 오랫동안 보존할 수 있다.

다음 '수침목재'는 무엇일까? 도구로 만들어 쓰이다가 쓰임이 다해 땅에 묻힌 목재는 시간이 지나면 썩는다. 그런데 시간이 멈춰진 땅 '저습지'에 묻히면 운명이 달라진다. 목재는 땅속의 수분, 산소, 온도, 곰팡이와 같은 균에 의해 썩는다. 하지만 늪지나 바다 등의 물에 담긴 목재는 세포 내부에 물이 채워지고 산소(공기)와 차단되어 썩지 않는다. 다만 발굴되어 땅 위로 나오는 순간 목재 내부에 함유되어 있던 수분이 증발하면서 형태가 갈라지고 뒤틀리는 등 수축·변형이 생겨 그 원형을 잃어버리게 된다. 그래서 발굴 현장에서 목재와 같은 유기물이 출토될 경우 신속하게 물이 담긴 용기에 담아 고정한 후 보존처리실로 즉시 이동하는 것이 중요하다. 눈 깜짝할 사이에 형태를 알아볼 수 없을 정도로 변하기 때문이다. 잠깐의 실수로 2,000년의 시간을 견디고 존재했던 의미가 사라질 수도 있다.

수침목재가 오랜 시간 남아있을 수 있는 이유 또한 목재가 가지는 특성 때문이다. 목재는 물이 이동하는 도관, 목섬유 등 세포의 집합체로 벌집처럼 속이 비어있는 형태이다. 세포와 공극(작은 빈틈), 수분으로 이루어져 있으며 내부에 셀룰로오스, 헤미셀룰로오스, 리그닌 등과 같은 성분이 채워져 있다. 수침 상태에서는 썩어 사라진 이 성분을 대신하여 물이 그 자리를 채우고 있다. 그래서 형태가 유지된 채로 출토될 수 있는 것이다. 다시 말해 목재 안을 이루고 있는 주성분인 셀룰로오스, 헤미셀룰로오스, 리그닌 등은 썩어 없어졌지만 형태를 유지하는 도관 등의 세포벽은 사라지지 않고 남아있는 것이다. 하지만 내부가 비어 강도는 현저히 약할 수밖에 없다. 이에 수침목재 보존 처리는 내부를 채우고 있는 수분을 약품으로 채워 그 형태를 유지하는 것에 주안점을 두고 진행된다.

◦ 바람개비 모양으로 문양을 만들고 옻칠을 하였다.

목재 보존 처리에는 사용되는 약품에 따라 강화 처리법을 나눌 수 있는데 많이 사용되는 방법은 폴리에틸렌글리콜PEG 함침법, 수크로스Sucrose 함침법, 고급 알코올법이다. 목재의 상태와 처리 상황에 맞게 적용한다. 가장 많이 사용되는 방법은 'PEG 함침법'으로 장기간에 걸쳐 서서히 농도를 올려 목재 내부의 수분과 약품을 치환해주는 방법이다.

목재는 강화 처리 후, 진공 동결 건조법 혹은 조절 건조법으로 건조한다. '진공 동결 건조법'은 목재 내부에 남아 있는 수분을 얼려 고진공 상태에서 바로 기화시켜 건조하는 방법이다. 수분의 증발이나 확산이 일어나지 않아 수축·변형되지 않으며 목재가 지닌 원래 색을 그대로 유지해준다. 하지만 기계 제작의 한계로 소형 목재만 적용이 가능하다. '조절 건조법'은 대형 선박 등 큰 목재에 적용하는 방법으로 서늘하고 습도가 일정하게 유지되는 공간에서 건조시킨다. 장시간의 처리 기간이 필요하고 결함이 발생할 수 있어 건조 후에도 적정 습도를 유지해주어야 한다.

동화《아낌없이 주는 나무》는 나무를 사랑한 한 소년과 소년을 위해 그늘, 열매, 몸통까지 내어주고 소년이 쉴 수 있도록 그루터기까지 아낌없이 내어준 나무의 이야기이다. 한자 '쉴 휴休'가 사람 인人과 나무 목木이 합친 모양이라는 것은 우연일까? 나무는 아주 오래전부터 인간에게 매우 중요한 재료이고 존재였다. 지금도 살아있는 것 중 가장 오래 사는 생명체이자 죽어서도 사라지지 않고 남아 인류의 발전과 변화를 보여준다.

"내일 지구의 종말이 온다 해도 나는 오늘 한 그루의 사과나무를 심겠다."라는 말이 있다. 아직 오지 않은 미래는 알 수 없지만 과거의 오늘, 한 그루의 사과나무를 심었던 사람들의 삶이 이어져 지금이 있음을 역사에서 확인할 수 있다.

수침목재 보존 처리 방법

PEG 함침법 : PEG는 분자량에 따라 목재 내부의 침투 경로가 달라진다. 균으로 인해 생긴 큰 공극이나 세포의 도관에 침투시키려면 분자량이 높은 PEG를 사용해야 한다. 다른 약품에 비해 목재 내부에 깊숙이 침투가 가능하다. 하지만 PEG는 주위 환경으로부터 수분을 흡수하려는 성질이 있어 주변 습도가 높으면 약품이 표면으로 나오는 용출 현상이 발생한다. 그러므로 처리 이후 고습의 환경에 놓이지 않도록 관리가 필요하다. 또한 대형 유물은 처리 기간이 오래 걸리고 처리 과정에서 세균 등의 미생물로 인한 피해가 발생할 수 있다. 처리 후 목재의 표면이 흑색을 띠게 된다.

수크로스 함침법 : 설탕을 이용한 처리법으로 분자량이 낮아 목재에 침투가 잘 된다. 처리 후 목재의 색이 우리가 흔히 생각하는 목재의 색이 된다는 장점이 있다. 하지만 심하게 부후된 목재는 적용하기 어렵고 건조 과정에서 목재가 갈라지거나 쪼개질 수도 있다.

고급 알코올 처리법 : 다습한 환경에서 안정적이고 처리 기간이 다른 처리법에 비해 짧다. 세틸 알코올이나 스테아릴 알코올을 메탄올로 녹여 사용하는데, 처리 과정에서 가스가 발생하므로 처리 환경 조성에 신경 써야 한다.

당-알코올 처리법 : 락티톨이라는 합성으로 만들어진 당을 이용한 처리법으로 PEG나 수크로스 함침법의 문제점을 해결하기 위해 개발되었다. 미생물에 의한 부후나 열에 안정적이고 흡습성이 낮아 다시 약품이 표면으로 나오지 않는다는 장점이 있다.

◦ 부여 쌍북리 출토 〈구구단 목간〉 ©국립중앙박물관

백제의 수학 시간

부여 쌍북리 출토 구구단 목간 : 목재의 수습과 적외선 분석

나무 조각이 간직한 비밀

'목간木簡'은 종이가 없던 시대, 기록의 수단으로 사용된 나뭇조각을 말한다. 목간은 1차 사료로 당대의 생생한 사실이 기록되어 있다. 종이가 갖지 못하는 경제성과 내구성이 있어 여러 용도로 사용되었던 것으로 보이지만 나무라는 재질 특성상 남아있는 것을 찾기 힘들다. 1983년 〈안압지(현 동궁과 월지)〉*에서 처음

* 경주 월성의 별궁 터, 신라가 멸망한 이곳에 기러기와 오리가 날아와 기러기 안(雁)자와 오리 압(鴨)자를 써서 조선시대 〈안압지〉로 불렀다. 유물 발굴 결과 신라시대 때 '월지'라고 불렸다는 것이 확인되어 2011년 〈경주 동궁과 월지〉로 변경되었다.

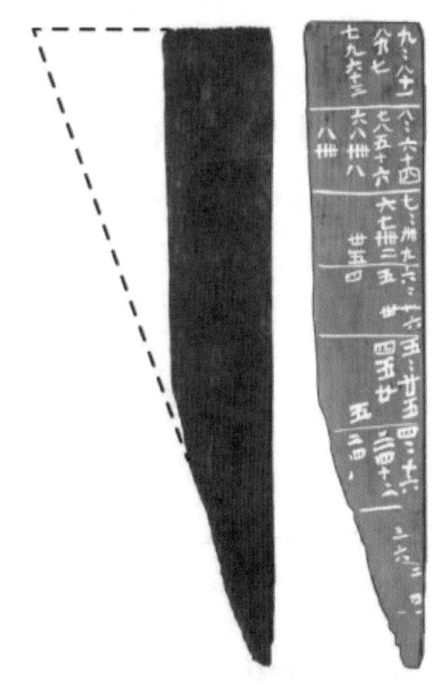

◦ 〈구구단 목간〉 자외선 촬영 ©문화재청

으로 발견되었으나 주목받지 못하다가 1999년 〈부여 궁남지〉* 를 시작으로 〈부여 능산리 사지〉**, 〈나주 복암리 고분군〉*** 등에서 목간이 계속 출토되면서 학계의 관심을 받게 되었다.

---

* 부여 남쪽에 위치한 백제 무왕 때 만들어진 것으로 보이는 별궁 연못.

** 〈부여 나성〉과 〈부여 능산리 고분군〉 사이에 위치한 〈백제 금동대향로〉가 출토된 백제시대 절터 유적

*** 4세기 돌무덤에서 6세기말~7세기 초의 굴식돌방무덤까지 볼 수 있는 나주 복암리에 있는 삼국시대 무덤들

저습지, 우물, 바다 등 산소와 차단된 특별한 환경에서 보존된 목간들은 용도와 성격을 규명하기 쉽지 않았는데, 적외선 판독이 가능해지면서 그 실체에 다가갈 수 있게 되었다.

대규모 건물터와 수부명 기와*가 출토된 〈부여 관북리 유적〉과 〈부여 쌍북리 유적〉은 백제 사비시대(538~660)의 왕궁이나 관아로 추정되어 지속적인 발굴이 진행되고 있다. 대다수 국가와 관련된 공적인 장소에서 확인되는 목간은 글을 읽고 쓸 줄 아는 사람들에 의해 제작·사용된 것으로 보인다. 관청에서 세금 징수, 곡식 출납 등의 내용을 기록할 때 휴대용 간이 장부로 이용하거나 짐을 보낼 때 꼬리표 등으로 활용했다.

목간은 중국에서 처음 쓰기 시작하여 한국, 일본으로 전파되었는데 중국은 대나무나 버드나무를, 한국은 소나무를, 일본은 삼나무를 이용하였다. 중국에서는 대나무로 만들어 죽간竹簡이라고도 불렀으며 1900년대부터 발견되기 시작하여 2020년까지 대략 25만 점이 넘는 목간이 확인되었다.

목간은 종이가 보급된 시기에도 계속 사용한 것으로 보인다. 일본에서는 31만 점의 목간이 출토되었는데 일상적인 사무와 연락에 목간이 활발히 사용되었음을 알 수 있다. 한반도에서 출토된 목간은 대략 500여 점이다.

---

* 왕이 있는 곳이라는 표시의 '수부(首府)'라는 도장이 찍힌 기와

구구단 목간의 발견

2011년 부여 쌍북리 한 공사장에서 주목할 만한 목간 1점이 수습되었다. 출토 당시에는 관청의 문서나 물건 운송 꼬리표라고 여겼으나 2016년 한국 목간학회의 발표에서 〈구구단 목간〉의 가능성을 제기하였다. 구구단에 관한 기록은 《삼국사기》*에 있지만, 유물로 발견된 것은 처음이다. 길이 30.1㎝, 너비 5.5㎝로 잘 다듬어진 소나무 판재에 먹으로 쓴 글씨(묵서)가 확인되었고 총 103자로 먼저 9단부터 2단까지 총 8단을 칸을 나누어 구획하고 동일한 숫자는 부호(:)로 표기했다. 형태에서도 손에 쉽게 쥐고 활용할 수 있는 직사각형이었다. 출토된 위치는 백제의 관청과 관영 창고, 공방 관리시설이 집중된 곳이어서 관리들이 사용한 것으로 추정된다. 국가 예산을 담당한 관리들이 구구단을 이용하여 검산할 때 이 목간을 이용했다는 주장이다. 하지만 정확한 용도는 아직 드러나지 않았다.

지금까지 〈광개토대왕릉비〉**, 《삼국유사》*** 등의 자료를 통해 구구단의 존재를 확인할 수 있었으나 실물로는 확인할 수 없었다. 중국에서는 1930년대에 '거연한간'에서 구구단 목간이

---

* 신라 신문왕 때 국학을 설치하고 산학을 가르쳤다는 기록을 말한다.

** 〈광개토대왕비문〉에 '이구등조(二九登祚)' 2×9=18, 즉 광개토대왕이 18세에 왕위에 올랐다는 기록이 있다.

*** 《삼국유사》 '고조선조'에 "곰이 '삼칠일', 즉 3×7=21일 동안 버텨서 웅녀가 됐다."는 기록이 있다.

처음 발견되었고, 2002년 〈후난성 룽산 리예 유적〉에서 기원전 3세기경 진나라 때의 구구단 목간이 출토되었다. 일본은 〈나라 헤이조쿠 유적〉, 〈나가노현 야시로 유적〉, 〈니가타현 오자와야치 유적〉에서 7세기 후반의 구구단 목간이 발견되었다. 일본은 이를 근거로 구구단이 중국에서 한국을 거치지 않고 일본으로 바로 전래했다고 주장해왔으나 6세기 백제 〈부여 쌍북리 구구단 목간〉의 발견으로 동아시아의 문물 전파 경로가 '중국→한국→일본'으로 이어진다는 것이 다시금 증명되었다. 특이한 점은 우리 목간은 중국과 일본과 달리 단별로 구분하는 등 전문적이고 체계적으로 구구단을 기록했다는 점이다.

보이지 않는 것을 보이게 하는 마법

먹이 일부 사라져 정확하게 확인할 수 없는 목간은 적외선 촬영을 이용한 비파괴 조사 방법을 사용한다. 가시광선보다 파장이 긴 적외선은 먹으로 썼다가 지워진 목간의 글씨나 서화의 밑그림 등을 확인하는 데 유용하다. 적외선으로 목간에 쓰인 묵서 내용을 확인할 수 있는 이유는 먹의 성분이 탄소이며 검은

[문화유산채널 K-HERITAGE.TV]
구구표 목간

색이기 때문이다. 파장이 긴 적외선은 빛이 여러 방향으로 흩어지는 산란 현상이 발생하지 않아, 묵서가 있는 부분은 적외선이 흡수되어서 밝게, 묵서가 없는 부분은 반사되면서 검은색으로 나타난다.

목재 유물이 출토되면 적외선 촬영을 필수로 한다. 눈에 보이는 것은 물론 눈에 보이지 않는 이야기까지 과학적 방법으로 조사하여 선조들의 삶이 담긴 역사적 증거가 사라지는 일이 없도록 하고 있다.

또 다른 역사를 복원하는 열쇠

우리나라에서 목간이 가장 많이 출토된 곳은 〈함안 성산산성〉이다. 1991년부터 2016년까지 17차례에 걸쳐 발굴이 이루어졌다. 초기에는 위치상 가야의 산성이라 추정했으나 200여 점이 넘는 목간에 옛 신라의 지명, 인명, 관직명, 곡물명 등이 기록되어 있어 신라의 산성이라고 밝혀졌다.

목간의 수종은 소나무가 80% 넘는 비율을 차지한다. 이 외 버드나무류, 밤나무류, 전나무류 등이 뒤를 이었다. 나무로 도

[국립경주박물관]
박물관의 보존과학 : 적외선 촬영

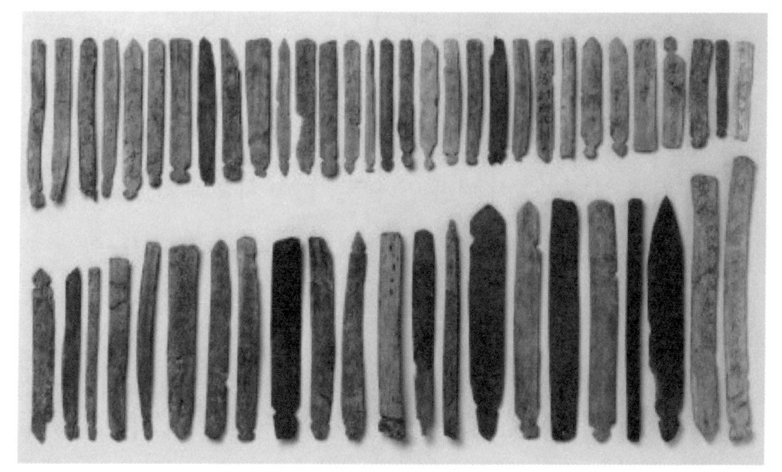

◦ 〈함안 성산산성〉에서 출토된 목간 ©문화재청

◦ 〈함안 성산산성〉목간 출토 상황 ©문화재청

구를 제작할 때는 흔히 강도가 강한 상수리나무류를 많이 사용하는데 상수리나무로 만들어진 목간은 아직 나오지 않았다. 일회성으로 사용되는 목간은 단단하여 가공하기 어려운 나무보다 구하기 쉽고 만들기 편한 소나무를 많이 사용한 것으로 보인다.

과거에는 발굴과 조사가 고고학 유물에 대한 연구의 주류를 이루었지만 최근에는 당시 사람들이 살았던 자연환경에 주목하여 식물, 동물, 지형 등에 관한 연구가 폭넓게 이루어지고 있으며 고대 환경과 경관을 복원하는 '고환경 연구'가 주목받고 있다.

〈함안 성산산성〉에서 출토된 목재와 식물에 대한 분석 또한 이러한 방법으로 당시 수목 환경이 지금의 식물 조성과 크게 다르지 않음을 확인했다. 목간은 그 시대를 살았던 사람들이 문헌으로 기록하지 못한 역사가 기록되어 있어 그 의미가 매우 중요하다. 조그마한 나무 조각이 역사를 복원하는 열쇠가 되기도 하는 터라 고고학자, 역사학자, 보존과학자 모두가 노력을 모아가고 있다.

발굴 현장에서 찾은 유기물의 수습과 관리

저습지 발굴 현장에서 출토되는 유기질 유물은 목재, 씨앗, 열매, 뼈 등이 있다. 공기와 접촉하는 순간부터 건조가 시작되기 때문에 출토 당시 환경을 유지하면서 수습해야 한다. 여름에는 높은 온도와 햇빛 때문에 수분의 증발이 빠르게 일어나서 젖은 천으로 덮거나 분무기 등으로 충분하게 수분을 공급하고 햇빛을 가리는 천막 등을 쳐서 건조하지 않게 한다.

오랜 시간 동안 땅에 매장되었던 목재는 주요 구성 성분은 분해되고 형태만 유지하고 있는 경우가 많아 스펀지같이 물렁물렁한 느낌을 주기까지 한다. 목재를 발견하면 즉시 사진을 촬영하고 출토 위치를 기록한 도면을 최대한 빨리 작성한 후 신속하게 수습해야 한다. 수습할 때는 금속으로 된 도구가 아닌 붓이나 대나무 칼 등을 이용하여 유물 주변의 흙을 조금씩 제거하여 노출한다. 목간으로 추정되는 목재는 주변의 흙을 제거하지 않고 흙과 함께 수습하는 것이 좋다. 수습 과정에서 글씨가 지워질 수 있기 때문에 빨리 보존처리실로 옮겨 실체 현미경 등을 이용해 제거하는 것이 안전하다.

우리나라는 산성 토양이라 뼈가 남아있기 힘들지만 저습지에서 확인되는 경우가 있다. 뼈도 내부의 단백질과 같은 유기질은 사라지고 무기질만 남아 형태를 유지하고 있으므로 강화 처리하고 수습해야 한다. DNA 분석이 가능한 인골은 오염에 대비하여 수습 시 일회용 장갑, 마스크, 방진복 등을 착용하고 최소한의 인원으로 수습해야 한다.

◦ 송산리 고분군 모습 ©한국저작권위원회

핫 아이템과 함께 묻히다

무령왕릉 목관 : 수종 식별

최대의 발견이자 최악의 발굴

2021년 〈무령왕릉〉 발굴 50주년을 맞이하여 출토된 유물을 한자리에 모은 뜻깊은 특별전이 국립공주박물관에서 개최되었다. 1971년 발굴된 백제 무덤 중 유일하게 그 주인공을 알 수 있는 〈무령왕릉〉은 송산리 6호분의 배수구 공사 중 우연히 발견되었다. 1,500년 동안 사람의 손길이 닿지 않아 온전히 보존되어 있었다. 이 발견으로 공백으로 남아있던 백제 역사가 채워

[JTBC News]
졸속 발굴' 50년 만에…, 한데 모인 '무령왕릉 유물들'

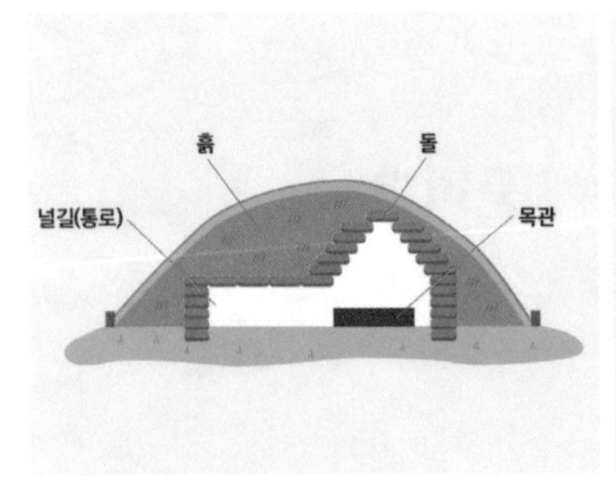

◦ 백제 무덤 유형 굴식 돌방무덤

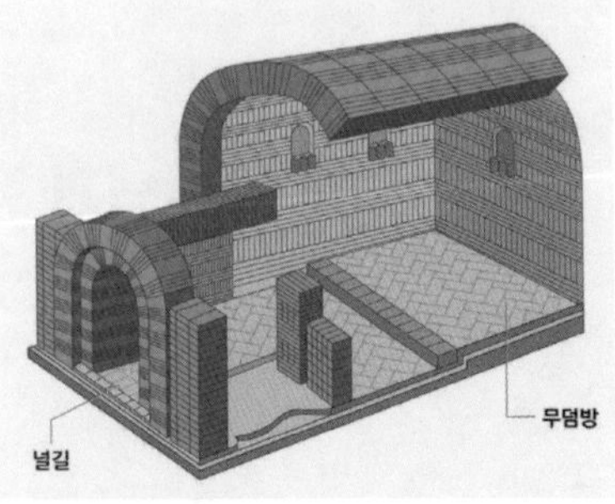

◦ 〈무령왕릉〉 내부구조

질 수 있었다.

5~7세기 백제 무덤 대부분은 돌로 돌방을 만들고 그 위를 흙으로 덮어 쌓는 '굴식 돌방무덤'이었다. 그런데 〈무령왕릉〉은 당시 중국 남조에서 성행하던 '굴식 벽돌무덤' 양식이다.

〈무령왕릉〉 입구에는 머리에 쇠로 만든 뿔이 있고 몸의 양쪽에 불꽃 같은 날개가 있는 상상의 동물 진묘수가 석수로 자리해 있다. 그 앞에는 지신에게 묘소로 쓸 땅을 매입하는 문서를 작성하여 그것을 돌에 새겨 놓은 〈매지권〉이 있었는데, 여기에 '백제 사마왕'이라 적혀 있어 무덤의 주인공이 백제 제25대 무령왕(462~523)과 무령왕비임을 알 수 있었다.

일제강점기 때인 1930년대 일제는 〈공주 송산리 고분군〉을 조사하면서 〈무령왕릉〉은 현무릉玄武陵*이라 하여 주목하지 않았

* 주변 고분을 감싸기 위해 만들어진 봉분이 낮은 능. 현무는 풍수지리에서 명당을 말할 때 방위의 수호신인 청룡(동), 백호(서), 주작(남), 현무(북) 중 하나.

다. 그렇게 시간이 흘러 1971년 7월 5일, 송산리 6호분의 내부에 물이 스며들어 배수 공사를 하던 중 〈무령왕릉〉이 발견되었다. 아무도 무덤이라 여기지 않아 도굴되지 않는 온전한 상태로 세상에 드러난 것이다. 백제 왕릉의 소식은 삽시간에 퍼져 수많은 기자와 사람들이 발굴 현장에 몰려와 아수라장이 되어버렸다. 시간을 지체할 경우 발굴이 더 어려워지겠다고 판단한 조사단은 빠르게 유물을 수습하기로 하였다. 지금이라면 상상할 수 없지만 발굴이 단 하루 만에 끝났다. 이로써 〈무령왕릉〉은 한국 고고학사에 길이길이 남을 위대한 발견이라는 명성과 졸속 발굴이라는 오명을 동시에 껴안게 되었다.

무령왕릉 백제 역사를 다시 쓰다

발견 당시 무덤 내부는 여러 유물이 쓰러져 어지럽혀진 상태였다. 외부의 침입에 의한 것이 아니라 지진 등 자연적인 이유로 무덤에 충격이 가해진 것이 아닌가 학자들은 조심스럽게 추정했다. 동쪽에는 왕이 서쪽에는 왕비가 옻칠 된 목관에 각기 안치되어 있었는데, 당시 목관 유물은 양쪽이 썩어 내려앉으면서 서로 합쳐진 상태였다. 발굴 이후 보존 처리 과정에서도 왕과 왕비의 목관이 뒤바뀌는 등 조사 과정이 소란했는데 그 뒤로도 상황이 녹록지 않았던 것으로 보인다.

◦ 〈무령왕릉〉 앞을 지키고 있던 석수 ©국립공주박물관

◦ 〈무령왕릉〉 매지권 ©국립공주박물관

왕과 왕비의 목관에 대한 수종 및 옻칠 기법을 분석·조사하였더니 왕의 베개는 '주목'으로 확인되었다. 주목은 한라산, 지리산, 금강산 등 추운 지방에서 자라는 나무로 살아서 천년을 가고 죽어서도 천년을 간다는 나무다.

목관의 나무는 일본에서만 자생하는 '금송'이었다. 이름 때문에 소나무로 생각하기 쉽지만 삼나무와 메타세쿼이어와 같은 낙우송과이다. 목관은 흑색의 안료를 사용하여 흑칠한 것으로 이를 분석했더니, 흑색 안료는 아주 미세한 그을음을 칠에 혼합하여 만든 것으로 나왔다. 목관은 매끄럽게 문질러 연마한 후 옻칠을 여러 번 한 것으로 확인되었다. 칠한 흔적을 자세히 관찰해 보니 관 외부를 좀 더 공들여 칠한 것으로 보인다.

일반적으로 나무는 생김새, 잎, 꽃, 열매, 나무껍질 등 수목학적 특징을 통해 구별하지만 베어져 다양한 형태로 제작된 목재의 경우 육안으로는 어떤 나무인지 구별이 쉽지 않다. 그래서 세포의 조직 및 배열 등 해부학적 특징으로 알아내야 하는데 이를 '수종 식별'이라 한다.

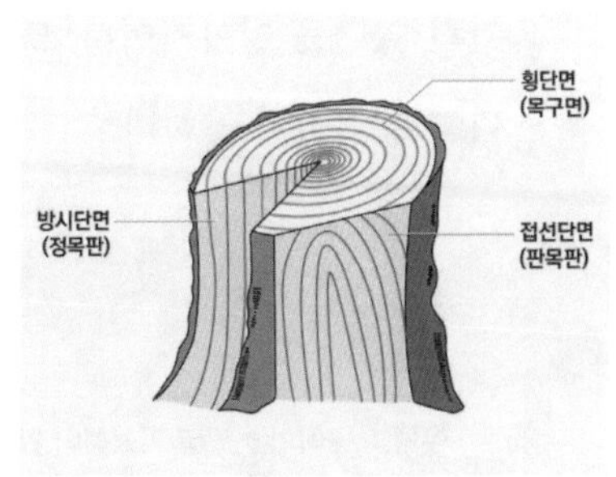

◦ 목재의 구조

목재는 나무를 가로로 자른 '횡단면', 나무의 중심부를 통과하여 직각으로 절단한 '방사단면', 횡단면의 방사단면과 직각이 되도록 절단한 '접선단면'으로 단면을 구분한다. 이를 채취하여 프레파라트(표본)를 제작해서 현미경으로 관찰·분석하면 나무의 종류를 알 수 있다. 이는 방향에 따라 성질이 다르게 나타나는 '이방성'이라는 목재의 성질을 이용한 것이다. 나무마다 세포의 배열, 형태적인 특징이 다르므로 이를 통해 나무의 종류를 구별할 수 있다.

백제에서 출토된 목관은 무덤 주인공의 신분이 높은 경우 특별한 나무를 사용했다. 수종이 금송으로 밝혀진 곳은 〈무령왕릉〉 외에도 〈익산 쌍릉〉*, 〈부여 능산리 고분군〉**의 동·서 고분, 전남 〈함평 예덕리 신덕 고분군〉***이다.

금송은 우리나라에서는 찾아볼 수 없고 일본에서만 자생한다. 일본에서도 주로 신분이 높은 계층에서 사용한 것으로 알려졌다. 왜 일본에서 자생하는 금송이 무령왕 목관의 소재가 되었을까? 무령왕은 한반도에서 일본으로 가던 도중 섬에서 태어났고 유년 시절을 규슈에서 지냈다고 전해진다. 무령왕이 이 금송으로 만든 목관에 안치되었다는 사실은 무령왕의 삶이 일본과 관련 있다는 이야기이다. 또한 백제와 일본이 활발하게 교류했다는 증거이기도 하다.

---

* 무왕과 왕비의 능묘일 가능성이 있는 백제 후기 양식의 굴식 돌방무덤. 2개의 봉분이 나란히 자리하고 있어 '쌍릉'이라 부른다.

** 백제 왕족의 무덤군으로 굴식 돌방무덤 양식이다.

*** 장구 모양을 하고 있어 장고형이라 불리는 무덤 양식과 돌방무덤 등이 발굴된 무덤군

새롭게 드러나는 무령왕릉

〈무령왕릉〉은 최악의 발굴이라는 오명을 얻었지만 출토된 유물 전부는 매우 특별했다. 이에 백제에 관한 많은 조사·연구가 이루어졌으며 2009년에 발간된 '무령왕릉 신보고서'를 시작으로 연구 성과를 발표하고 있다. 그중 백제의 상장 의례에 관한 연구도 진행되었는데, 발견된 묘지석 2매에 무덤 주인인 무령왕은 523년에 사망하여 527년에 무덤에 안치되고, 왕비는 526년에 사망하여 529년에 안치되었다는 기록을 발견했다. 이를 통해 백제는 주검을 바로 매장하지 않고 장례 준비나 애도를 위한 기간을 27~28개월 두어 그 뒤에 매장하는 빈장이 행해졌음을 알게 되었다. 무령왕의 빈전*지로는 공주 정지산으로 추정했다.

목관재의 정확한 크기와 상태, 과학적 분석 또한 이루어졌는데 왕의 목관은 옻칠한 뚜껑판 5개, 장측판 4개, 단측판 4매로 총 13개의 판재로 이루어졌으며 못머리가 금으로 장식된 금동못 등이 쓰였다. 마구리** 장식이 〈무령왕릉〉뿐만 아니라 부여, 익산의 고분군에서도 발견되는 것으로 보아 백제 목관이 가진 특징으로 볼 수 있다.

〈무령왕릉〉의 목관을 3D 실측과 X-선 촬영을 통해 추정해

* 국상 때, 상여가 나갈 때까지 왕이나 왕비의 관을 모시던 전각

** 길죽한 물건의 양끝을 덮어 끼우는 것

◦ 복원된 무령왕과 무령왕비 목관 ©국립중앙박물관

본 결과 왕의 관은 253*kg*, 왕비의 관은 228*kg*였다. 여기에 시신의 무게와 각종 부장품 등의 무게를 더한다면 총무게가 300*kg*에 달했을 것으로 보인다. 현재 장례에 쓰이는 오동나무관은 크기가 큰 것이 45*kg*이며 시신의 무게를 더해 100*kg* 정도인데, 〈무령왕릉〉의 목관은 압도적인 규모라고 하겠다. 상당한 무게의 목관을 빈전에서 왕릉까지 운구하기 위해서는 많은 인력이 필요했을 것이다. 〈무령왕릉〉의 구조상 묘실까지 완성된 목관을 안전하게 옮기는 것 또한 쉬운 일이 아니었을 것으로 예상된다. 너비 104*cm*, 높이 145*cm*, 길이 283*cm*의 관은 입구를 통과할 수는 있지만 사람이 좌우로 들어서 이동시키기는 어려운 규모이다. 300kg에 육박하는 관을 관 외부에 부착된 6개의 관고리로 들었다는 것이 쉽게 납득하기 힘들다. 그럼 어떻게 왕과 왕비의 관을 옮겼을까?

이 궁금증에 연구자들은 설치식 목관의 가능성을 제기했다. 목관의 판재에 결합을 위한 홈이 파여 있었는데 이를 묘실에 시신과 부장품을 안치한 후 관을 조립했다는 증거로 본 것이다.

우리나라 고고학 발굴의 첫 단추는 잘못 끼워졌으나 〈무령왕릉〉 발굴은 이후 이루어질 발굴 조사에 큰 교훈을 남겼다. 역사에서 배워나가는 것이 우리의 할 일이라는 것을 다시 한번 깨닫게 된다.

[문화유산채널]
아! 무령왕릉 목관에 숨겨진 비밀

나무의 종류는 어떻게 알아낼까?

나무는 크게 침엽수와 활엽수로 나뉜다. 은행나무와 같은 예외도 있지만 소나무, 전나무, 메타세쿼이아처럼 잎이 뾰족한 나무는 침엽수이고, 참나무, 자작나무, 단풍나무, 느티나무처럼 잎이 넓은 나무는 활엽수이다.

목재 유물에 쓰인 수종을 식별할 때는 나무 종류별로 만든 표본과 목재의 세포를 비교하여 종류를 알아낸다.

건조목재는 단단하기 때문에 연화 과정이 필요하다. 60℃ 물과 글레세린혼합액에 넣어 침엽수는 3일, 활엽수는 7~10일 정도 함침하여 목재 조직을 연하게 만든다. 그런 다음 마이크로톰*으로 10~20㎛의 두께로 시편을 준비하는데 옹이를 피한 부분에서 횡단면, 방사단면, 접선단면을 채취한다. 자른 시편은 증류수가 담긴 유리 용기(페트리 디쉬)에 옮겨 건조되지 않도록 한 뒤 세포의 형태를 잘 관찰하기 위해 염색 시약에 담가 염색한다. 이후 목재 세포에 남아있는 수분을 제거하고 슬라이드 글라스 위에 삼단면을 놓고 프레파라트를 만들어준다. 이를 생물현미경을 이용하여 목재의 조직과 세포를 관찰하여 수종을 분석한다.

수침목재는 목재의 주성분은 사라지고 과포화된 상태라서 부후되어 부서지기 쉬우므로 약품으로 조직을 고정한 후 조직을 염색한다. 그런 다음 수분을 제거하고 파라핀을 이용하여 조직을 고정해 단단하게 경화시킨 후 마이크로톰을 이용하여 삼단면으로 절편을 제작한다. 마지막으로 프레파라트를 만들어 현미경으로 관찰하고 사진을 촬영한 뒤 목재별 재감과 조직을 비교하여 종을 분석한다.

* 시료를 일정한 두께의 크기로 자르는 기계 장치

침엽수 : 소나무 - 소나무과

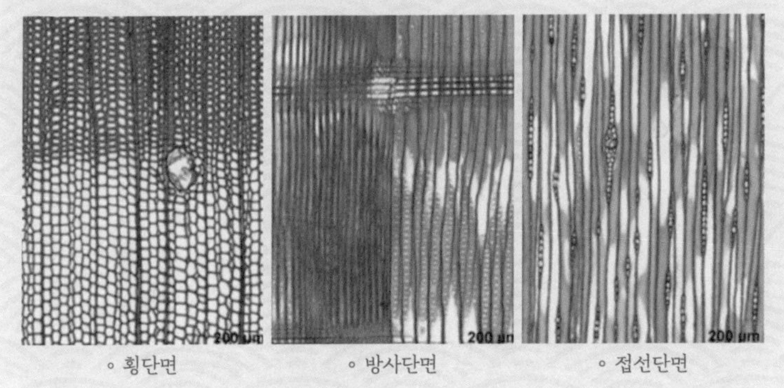

◦ 횡단면 ◦ 방사단면 ◦ 접선단면

활엽수 : 상수리나무 - 참나무과

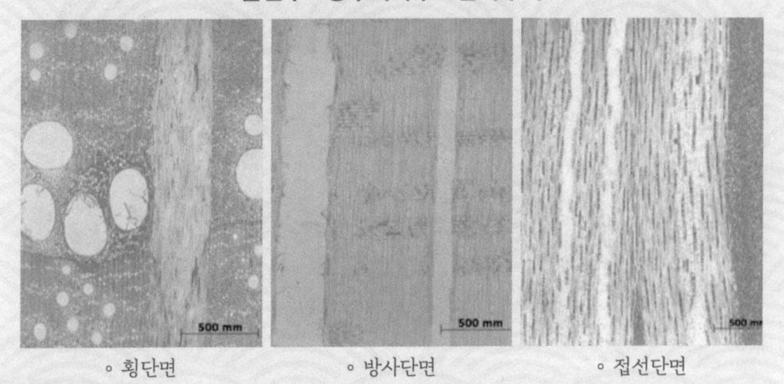

◦ 횡단면 ◦ 방사단면 ◦ 접선단면

∘ 〈나전 국화넝쿨무늬자합〉©국립중앙박물관

전복껍데기가 명품이 되기까지

나전칠기 : 제작 방법과 보존 관리

뉴 레트로의 아이템

요즘 중고 거래 사이트에서 핫 아이템이 바로 '자개장'이다. 1950~1960년대에는 부의 상징으로, 1980년대에는 혼수 품목 1위로 당당히 이름을 올리던 자개장은 주거 환경이 아파트로 변하고 선호하는 스타일이 바뀌면서 오래된 사진첩에서나 찾아볼 수 있게 되었다. 하지만 최근 레트로 열풍이 불면서 "할머니방 유물, 자개장 버리지 마세요, 저에게 파세요!"라는 문구 등으로 자개를 찾는 열기를 실감할 수 있다. 화이불치華而不侈(화려하되 사치스럽지 않다)가 딱 들어맞는 자개장은 세계적인 명차로 대표되는 BMW가 2011년 서울 모터쇼에서 '코리안 아트 에디션'으로 선 보일 만큼 외국인의 눈에도 매력적인 '한국 공예품'이다.

나전칠기는 크게 세 가지 재료로 탄생하는데 흔히 '자개'라 부르는 '나전', '백골(나무)', 그리고 이들을 하나로 완성해주는 '옻칠'이 그것이다. 나전은 소라, 전복, 조개 등을 얇게 여러 형태로 오려 기물에 장식한 것을 말한다. 자개를 이용한 공예품의 제작은 한국, 중국, 일본, 베트남, 태국 등 동아시아 문화권에서 활발하게 이루어져 왔다. 중국 주나라 때부터 나전을 이용했다는 설과 사산조 페르시아에서 실크로드를 통해 전해졌다는 설이 있는데, 확실한 것은 중국 당나라 때 크게 유행했고 이것이 한국과 일본으로 전해졌다는 것이다. 이후 중국은 표면에 무늬나 질감을 나타내기 위해 조각을 하는 '조금기법'의 형태로, 일본은 장식하고자 하는 면에 옻으로 문양을 그리고 그 위에 금이나 은을 뿌려 굳히는 '마끼에まきえ, makie'라는 '시회기법'으로, 그리고 우리나라는 '나전칠기'가 발달하였다.

나무에 왜 옻칠을 했을까?

우리나라는 충남 〈아산 남성리 유적〉 석관묘에서 출토된 칠 조각을 통해 기원전 4세기경부터 칠이 이루어졌음을 알게 되었다. 분석 결과 이 칠조각은 한나라 시대에 중국이 설치한 한사

◦ 광주 신창동 출토. 칠이 담긴 용기

군*이 있던 때 낙랑의 칠 성분과는 달라 한반도에서 독자적으로 칠을 제작하고 있었음을 알 수 있다. 이후 초기 철기시대 유적인 광주 〈신창동 유적〉에서 목심 칠기, 칼집 등과 함께 칠기 제작 도구인 칠 주걱, 칠 용기 등이 출토되었으며 〈창원 다호리 고분군〉에서도 목심 칠기, 활, 부채, 붓 등이 출토되었다. 이러한 칠기 흔적은 한반도에서도 칠의 성질을 알고 이를 정제하여 활용한 기술이 있었다는 것을 의미한다.

---

* 고조선시대 한나라가 우리 나라의 서북부 지역에 설치한 낙랑·임둔·진번·현도의 4개의 군현

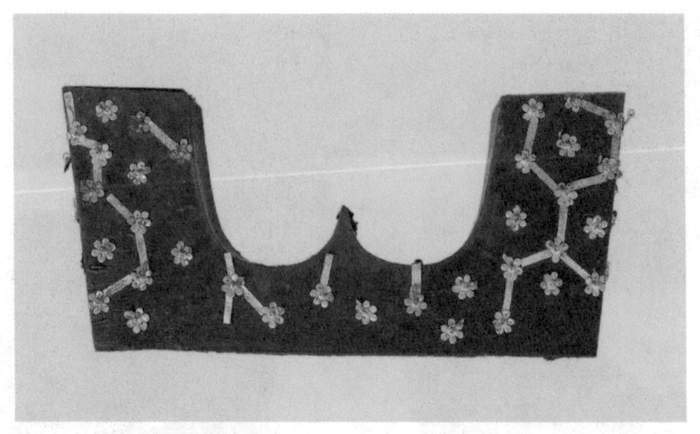

◦ 〈무령왕릉〉출토 왕의 발받침(흑칠) ©국립공주박물관

◦ 〈무령왕릉〉출토 왕비의 베개(주칠) ©국립공주박물관

왜 고대인들은 나무에 옻칠했을까? 옻칠하면 표면에 얇은 막이 생겨 물이나 곰팡이 등으로부터 나무를 보호하고 특유의 광택을 내기 때문이다. 실용적인 면에서도 미적인 면에서도 좋다.

옻칠 기법은 여러 가지 형태로 발전했다. 칠하기 전의 나무 뼈대를 백골이라고 하는데 여기에 투명 칠을 하면 나무가 가진 결을 그대로 살린 목심 칠기를 만들 수 있다. 백제 〈무령왕릉〉에서 출토된 왕과 왕비의 머리 부분을 받쳐 놓았던 '두침'과 발을 괴는 데 쓰던 '족좌'를 보면 나무 바탕에 흑칠 또는 주칠(붉은 칠)을 하여 얇은 금판을 오려 장식하였는데, 당시 칠을 다루는 기술과 장식 기법의 수준을 헤아려볼 수 있다.

이 밖에 푸른색의 터키석과 붉은 호박, 자개를 이용하여 제작한 통일신라시대의 〈나전 화문 동경〉*과 경문왕 재위 당시 당나라에 진상했던 공물 중에서 〈슬슬전금침통瑟瑟鈿金針筒〉** 30구로 보아 당시 칠과 나전의 기술이 상당했음을 짐작할 수 있다.

통일신라시대부터 백골에 삼으로 짠 베를 바르고 옻칠을 한 목심 칠기가 등장하는데 이런 '베바르기'기법은 목재의 특성상 시간이 흐르면서 갈라지거나 틀어지는 것을 방지하기 위한 것으로 고려 나전칠기까지 이어진다. 정교한 기술로 칠기가 정점에 이른 때는 고려시대로 보아도 무방할 것이다. 특히 불교를 국교로 삼은 고려는 화려하고 세련된 귀족 문화를 바탕으로 한 미술 공예 문화가 크게 발전했다.

고려시대의 나전칠기는 '복채'라 하여 얇게 가공한 자개 문양 뒷면에 염료나 금박 편 등을 붙여 은은하게 밑 바탕색이 나

* 한반도에서 발견된 가장 오래된 나전 유물로 추정, 나전기법으로 장식된 유일한 거울 유물. 리움미술관 소장

** 단어 뜻으로만 보면 에메랄드+나전+금 으로 만든 침통 같지만 기록이 부족해 불확실하다.

◦ 〈나전 대모 국화넝쿨무늬 불자〉ⓒ국립중앙박물관

◦ 〈나전 대모 국화넝쿨무늬 불자〉 대모 모습 ⓒ국립중앙박물관

타나게 하는 방법으로 바다거북의 등껍질 등을 이용하여 장식했다. 현재 남아 있는 고려 나전칠기는 전 세계적으로 20여 점으로 알려졌다. 국내에는 국립중앙박물관이 소장한 〈나전 대모 국화넝쿨무늬 불자〉*와 〈고려 나전 경함〉**이 있었는데 2019년 문화재청의 노력으로 일본의 한 소장자로부터 〈고려 나전 국화넝쿨무늬자합〉이 환수되면서 총 3점이 되었다. 〈고려 나전 국

---

* 불자는 승려가 수행할 때 사용하는 불교 도구로 양 끝에 매다는 드림과 짐승의 꼬리털은 없어지고 대만 남았다. 더럽고 나쁜 것을 털어 버린다는 상징적 의미가 있다. 국립중앙박물관 소장.

** 고려시대 대장경 등 불교 경전류를 두루마리 형태로 보관하기 위해 만들어진 것. 국립중앙박물관 소장

화넝쿨무늬자합〉은 꽃을 반으로 나눈 반화형의 모양으로 하나의 큰 모자합 속에 여러 개 자합이 들어간 형태인데 현재 자합만 존재한다.

조선시대에 들어서는 유교를 국가의 통치이념으로 삼으면서 검소함과 소박함을 덕목으로 삼아 장식성이 강한 나전칠기는 잘 눈에 띄지 않는다. 하지만 나전칠기의 명맥이 끊어진 적은 없다. 조선시대에는 붉은색을 왕실을 상징하는 색으로 여겨 붉은색 안료인 진사를 이용해 칠을 하였고 왕실이나 지배층만이 사용할 수 있도록 법전인 《경국대전》에서 엄격하게 규정해 놓았다. 왕실 잔치에서 사용하는 상, 탁자, 소반은 물론 어보나 어책을 보관하는 함도 모두 붉은 칠을 하였다. 칠기는 18세기 이후 신분 질서가 무너지기 시작하면서 대중화되어 다양한 계층이 사용할 수 있게 되었다.

나전칠기에 관한 과학적 분석은 내부 구조 조사를 통한 제작 기법 분석, 옻의 성분 분석, 백골의 수종 분석, 복합 재질에 대한 분석으로 크게 나눌 수 있다.

국립문화재연구소 문화재보존과학센터에서 환수받은 〈고려 나전 국화넝쿨무늬자합〉에 대한 조사를 실시하였다. 바다거북 등껍질인 대모와 나전은 현미경을 통해 관찰하고 내부 구조와 제작 기법은 X-선 투과 조사와 CT 촬영을 실시하였다. 관찰 결과 육안으로는 확인되지 않았던 결손 부분과 장식 재료의 가공 흔적을 볼 수 있었다. 나전합의 바닥판과 뚜껑판은 일정한 간격

◦ 〈무신년의 궁중잔치〉 조선시대 궁중잔치 그림. 그림 속에 등장하는 의자, 상, 소반 등의 기물에서 주칠을 확인할 수 있다. ©국립중앙박물관

을 갖는 평행한 무늬가 확인되었는데 이는 목재를 잘랐을 때 가로로 자른 면에 나타나는 둥근 모양의 나이테(목리)로 전나무와 같이 연륜이 뚜렷하게 보이는 침엽수재에 잘 나타난다. 이로써 자합을 만든 나무는 침엽수임을 알 수 있다. 목리 외에 직각으로 교차하는 무늬는 직물의 직조물로, 목재 위에 직물을 바르고 그 위에 칠을 한 것으로 보인다. 목재의 수축과 변형을 방지하기 위해 삼베, 무명, 모시 등의 직물을 바르는데 이는 현재에도 나전칠기 제작에 쓰이는 방법이다.

나전칠기를 완성하는 옻칠

기후에 따라 옻나무의 종류도 다르고 성분도 다르기 때문에 옻의 성분 분석해보면 어느 나라에서 만든 것인지를 밝혀낼 수 있다. 한국, 중국, 일본에서 자생하는 옻나무의 진액은 우루시올이 주성분이지만 대만이나 베트남에서는 라콜, 태국과 미얀마는 티치올로 확인된다.

칠도막 분석은 '푸리에 변환 적외선 분광 분석기Fourier Transform Infrared spectoscopy, FT-IR'로 했는데, 분석 시료에 적외선을 비추어 분자들이 진동에 의해 들뜬 상태가 되면 이때 적외선이 흡수되는 특징을 통해 물질을 구성하는 분자 구조에 대한 정보를 알 수 있는 방법이다.

옻은 우루시올, 고무질, 함질소물, 수분 등으로 구성되는데, 이들이 '옻칠 도막'을 형성한다. 고무질 성분은 옻을 칠했을 때 탄력성과 수분을 고르게 분산시켜 도막을 평평하게 하는 역할을 한다. 함질소물의 경우 아주 소량 포함되어 있으나 옻액을 굳게 만드는 데 필수적인 성분이다. 주성분인 우루시올은 온도 20~30℃, 상대 습도 80~90% 환경에서 화학작용으로 굳는데 이렇게 생성된 도막은 광택과 방수력이 좋다.

나전칠기는 백골 위에 여러 물질이 차례차례 올려지며 제작되므로 이들의 순서를 파악하면 제작 기법을 알 수 있다. 제작 방법은 시대에 따라서도 달라지므로 연대를 해석하는 또 다른 기준으로 삼을 수 있다.

영롱한 빛의 비밀

나전은 전복류(색패, 청패)와 소라류(야광패)를 장식 재료로 쓴다. 동아시아에서는 야광패를 사용하지만, 우리나라는 야광패가 서식하지 않아 전복류를 사용한다. 전복류는 껍질 모양과 크기, 빛깔에 따라 색패와 청패로 구분한다. 한국이 주산지이며 기본 재료로 사용된 '색패'는 푸른빛과 붉은빛이 강하다. 동해에서 서식하는 색패는 물이 차서 색은 좋으나 바닥면이 고르지 못하고, 서해안 색패는 바닥이 편평하나 색이 좋지 않다. 남해안에서 나는 색패는 색이 좋고 바닥이 고른 편이어서 주름질과 끊음질용으로 사용했다고 한다. 우리나라 남해 연안과 제주도, 일본이 주산지인 '청패'는 무늬가 없는 단색으로 푸른빛이 강하여 은은하면서도 영롱한 느낌을 준다. 소라류인 '야광패'는 회백색의 진주광이 강하고 은은한 색이 있으며 전복과 달리 패의 결을 따라 가공하면 길이가 긴 패를 얻을 수 있다.

나전의 또 다른 재료는 바다거북의 등껍질인 '대모'이다. 반투명으로 황색에 갈색 반점이 있으며 황색이 많을수록 가치가 높다고 한다. 고려시대 나전칠기에 작은 꽃잎이나 꽃술을 표현할 때 복채를 하는데, 여기서 '복채'란 등껍질을 얇게 갈아 투명

◦ 색패 ©보존과복원의세계(2019)

◦ 청패 ©보존과복원의세계(2019)

하게 만든 것을 붉은색이나 노란색을 칠해놓은 바탕에 앞면이 비쳐 보이도록 붙이는 기법으로 고려 나전칠기의 대표적인 장식 기법의 하나이다.

나전칠기의 칠은 수분과 열, 산과 알칼리에 강해 바탕재인 목재를 보호해준다. 하지만 환경이 취약한 곳에서 장기간 노출되면 목재의 수축과 팽창이 반복되면서 표면의 옻칠 또한 물리적인 힘에 의해 손상된다. 나전칠기는 다양한 재질로 이루어져 있어 특별히 온·습도 환경에 신경을 써야 한다. 전시장 내 케이스 내부에 습도를 일정 수준으로 조절해주기 위해 습도가 높을 경우에는 제습제, 습도가 낮을 경우에는 조습제 등을 이용하여 상대습도 55~65% 수준으로 유지해야 환경에 의한 피해를 막을 수 있다. 자외선 또한 나전칠기 도막에 영향을 줄 수 있는데 퇴색 방지 형광등이나 LED 등을 사용하고 조도를 80lux 이하로 하여 전시로 인한 피해가 생기지 않도록 해야 한다.

나전칠기 하면 경상남도 통영이 떠오르는데, 이는 통영이 위치한 남해 다도해가 전복이 자라기 좋은 환경이라서다. 좋은 나전칠기 재료를 쉽게 구할 수 있기 때문이다. 조선 선조 때는 통제영을 설치하여 장인들을 평화 시에는 장인으로, 전쟁 시에는 군인으로 종사하게 하였다. 칠방을 비롯하여 화원방(지도 및 군사 관련 그림 제작), 야장방(철물 주조 및 연마), 통개방(활과 화살을 넣는 가죽 주머니 제작), 안자방(말 안장 제작) 등의 면모로 보아 통제영의 성격과 규모를 짐작해 볼 수 있다. 여기서 생산된 제품은 당시 최고의 물품으로 임금과 조정에 진상품으로 올려졌다. 19세기 개항 이후 일본의 상업 자본에 종속되면서 그들의 요구에 따라 재료의 변용과 제작 공정 등이 변하면서 나전칠기의 전통성은 훼손되었다. 해방 이후 전통적인 방식의 가내 수공업 형태로 몇몇 장인들에 의해 전통 나전칠기 명맥이 이어졌으나 경제적 불황과 기술자의 감소로 쇠퇴의 길을 걷게 되었다.

전복은 예로부터 임금에게 진상할 만큼 귀한 식재료였다. 우리 선조들은 전복 껍데기에서도 아름다움을 발견하고 이를 공예품의 재료로 하여 나전칠기에 구현하였다. 전복 껍데기가 명품이 되기까지 우리 선조의 안목이 놀라울 따름이다.

주로 볼 수 있는 나전의 기법

끊음질

날카로운 칼날이나 송곳을 이용하여 자개를 실처럼 가늘게 끊어 제작한다. 가는 곡선이나 짧은 직선으로 구성되는 기하학적 무늬 표현이 가능하다.

주름질

실톱, 가위, 칼 등으로 자개를 도안대로 자르거나 오려 자개 문양을 만드는 것. 재료를 차 달인 물이나 식초에 담가 연하게 만들어 제작한 것으로 추정된다.

조각법(모조법)

자개를 양각 또는 음각으로 조각하여 섬세하게 표현하는 것이다. 진주패로 자개 문양을 제작하고 붙인 다음 조각도로 양각하여 염산 등으로 부식시켜 장식하는 것이 부조법이고 자개 표면에 새김칼로 줄금을 파서 모조된 부분에 옻칠이 남게 하는 방법이 모조법이다.

타발법

자개 문양의 윤곽과 똑같은 모양의 날을 가진 도구를 이용하여 자개 무늬를 따내는 기법이다. 나무판에 두꺼운 종이를 놓고 그 위에 자개를 밀착시킨 후 끌 등을 수평으로 세워 망치로 쳐서 자개 문양을 딴다.

◦ 해인사의 가을

나무에 새긴 간절한 기도

무구정광대다라니경, 대장경, 직지 : 건조목재의 보존 관리

도굴꾼 때문에 세상에 빛을 보게 된 경전

1966년 경주 〈석가탑〉에서 발견된 〈무구정광대다라니경無垢淨光大陀羅尼經〉은 세계 최고의 목판 인쇄본으로 751년 간행되었다. '티끌조차 없는 깨끗한 빛'을 의미하는 무구정광과 산스크리트어로 '재앙과 악업을 소멸시키는 신비한 주문'이라는 뜻의 다라니가 합쳐진 이름으로 '멸죄연수滅罪延壽(죄를 멸하고 수명을 연장함)'의 법을 구하기 위해 옛 탑을 수리하거나 조그마한 탑을 무수히 만들어 그 속에 공양하였다.

이 경전은 도굴꾼이 탑 내의 사리함을 노리고 석탑을 들어 올렸으나 잘못 건드리는 바람에 발견되었다. 발견 당시 습기와

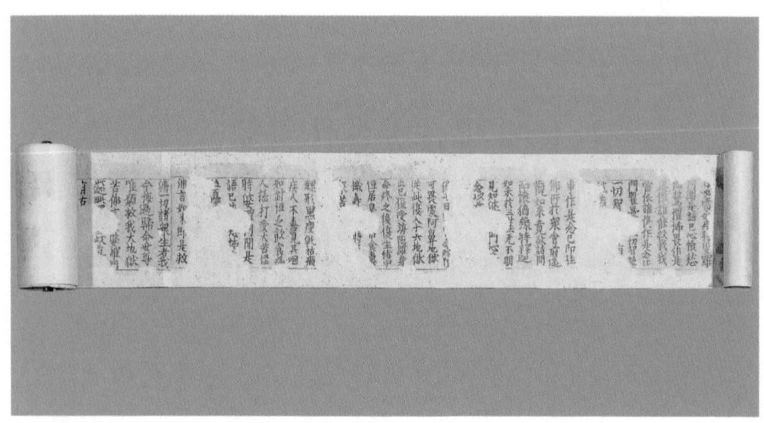

◦ 〈무구정광대다라니경〉(복제품) ⓒ국립청주박물관

해충 피해로 원형이 많이 훼손된 상태였다. 이에 1988년 대대적인 보존 처리 후 현재에 이르고 있다. 너비 6.5~6.7㎝ 크기의 불경 12장을 이어 붙였는데 620㎝에서 보존 처리를 한 후 642㎝로 늘어났다.

〈무구정광대다라니경〉이 발견되기 전 세계에서 가장 오래된 목판 인쇄물은 770년에 일본에서 간행된 〈백만탑다라니경〉이었다. 그러나 〈무구정광대다라니경〉이 중국의 위진남북조시대(3~6세기)의 '육조체'로 쓰였고 신라시대 전통 한지인 닥종이에 인쇄되었다는 것이 밝혀지면서 현존하는 가장 오래된 목판 인쇄물이 된 것이다.

2007년에는 〈무구정광대다라니경〉과 함께 발견되었으나 보존 기술의 한계로 처리하지 못하고 보관만 해오던 총 110장의 〈묵서지편〉이 판독되었다. 그중 〈중수기〉에 742년 〈불국사〉가 창건된 이래의 내역과 1022년 〈석가탑〉의 중수를 준비하여 1024년에 〈석가탑〉을 중수하고 사리를 안치하는 과정, 시주자의 명단 등이 기록되어 있었다. 이를 통해서도 〈무구정광대다라니경〉이 가장 오래된 목판 인쇄물임이 거듭 증명되었다.

문화국의 상징 대장경

신라의 목판 인쇄술 기술은 고려로 이어졌다. 고려시대에는 불교가 융성하면서 사찰에서 불교 서적의 간행이 활발해졌다. 성종 때 송나라에서 수입된 〈개보대장경〉에 자극받아 현종은 1110년 대장경을 만들기 시작했다.

'대장경'은 큰 그릇이라는 뜻으로 불교의 가르침을 담은 문헌을 총칭한다. 크게 삼장 부처님의 말씀을 담은 경經, 사람이 지켜야 할 도리를 담은 율律, 부처님의 가르침을 연구한 론論을 말한다. 고종 19년(1232) 몽골의 침략으로 만 권에 달하는 대장경이 모두 불타버리고 국난을 부처님의 힘으로 이기고자 다시 대장경을 조판하기 시작했다. 장장 16년에 걸쳐 81,258판의 대장경이 조판되었는데 이것이 〈팔만대장경〉이다. 앞서 현종 때 만들어진 대장경을 〈초조대장경〉이라 하고 〈팔만대장경〉은 다시 만들었다 하여 〈재조대장경〉이라고도 한다. 〈팔만대장경〉은 송

◦ 〈해인사 장경각〉 판전의 모습 ⓒ한국저작권위원회

과 거란의 대장경을 대조·교정하여 만들어 동양에서 가장 아름답고 오탈자가 거의 없는 완벽한 대장경이라고 평가받는다. 대장경의 조판은 그 나라의 불교 수준과 문화적 역량을 나타내기 때문에 불교의 영향을 받은 동아시아 여러 나라나 왕조에서 대장경을 제작하는 것은 큰 의미를 지닌다.

대장경 목판은 주로 '산벚나무'를 사용했다. 판목의 양쪽에 편목을 끼워 붙이고 네 귀에 금속판으로 된 직사각형 띠를 둘렀는데 이는 판목이 뒤틀리지 않게 할 뿐만 아니라 다른 판목과 맞닿지 않게 하여 통풍이 되게 하였다. 산벚나무를 수년 동안 바닷물에 담갔다가 소금물에 찌고 그것을 오랫동안 그늘에 말려 일정한 크기로 만들어 글씨를 새겼다. 이 과정으로 나무 내부의 진이 빠지면서 수분의 분포가 일정해지고 나뭇결이 부드러워져 글씨를 새기기 쉬워진다.

〈팔만대장경〉 표면에 옻칠했다고 알려져 있어 '적외선 분광법infraredspectroscopy, IR'과 '열분해-가스크로마토그래프-질량 분석법pyrolysis-GC/MS'으로 분석하였다. 옻은 본래 유기물이므로 적외선 분광법으로 분석하는데 다양한 환경에 노출되어 상태 변화가 생긴 옻칠은 '열분해-가스크로마토그래프-질량 분석법'으로 하고 있다.

열분해-가스크로마토그래프-질량 분석법은 다양한 첨가물이 혼합된 칠을 열분해하여 그때 생성된 가스의 성분을 온도 조건에 따라 실시간으로 검출한 후 시료의 특성을 파악하는 방법이다. 분석 결과 경판은 사포질이 생략된 상태로 옻나무에서 추출한 생옻으로 2~3회 칠했고, 나무와 옻칠 사이에 보이는 먹 층은 여러 차례 인쇄하고 난 뒤에도 옻칠해주었다는 것을 의미한다. 목재의 약점인 방수와 방충의 피해를 옻칠로 막으려 한 것이다.

〈팔만대장경〉 경판의 양쪽 끝에는 경전의 이름, 권수, 장수 및 천자문 순서로 된 번호가 새겨져 있다. 관리 보존의 편리함까지도 고려하여 제작한 〈팔만대장경〉은 목판 인쇄 기술의 집합체라고 할 수 있다.

〈팔만대장경〉뿐만 아니다. 이를 보관하고 있는 해인사의 〈장경각〉 판전 또한 선조들의 기술을 엿볼 수 있다. 〈장경각〉 판전은 경사 분지에 위치하고 서남향에서 약간 서쪽으로 치우쳐 만들어졌는데 위, 아래, 앞, 뒤의 크기가 다른 창이 독특하게 배열되어 있다. 이는 햇빛이 들어오는 창의 위치나 크기를 조절하여 오전에는 뒷면 창으로부터 햇빛이 들어오고 오후에는 앞면 창으로 햇빛이 들어오게 만든 것이다. 뒤쪽 흙바닥이 아침에는 아랫목이 되고 공기 밀도가 큰 앞쪽의 흙바닥은 윗목의 구실을 하여 대류 작용을 만들어낸다. 이런 경판의 독특한 배열은 습한 대기 환경에서는 수분을 흡수하고 건조한 대기 환경에서는 수분을 방출하여 목재의 변형을 막게 하였다. 선조들의 대단한 지혜를 엿볼 수 있다.

최고가 최고를 만들다

과거로부터 축적된 목판 인쇄 기술과 금속 공예 기술은 '금속활자'에서 더욱 빛을 발했다. 금속활자 인쇄술이 발전하려면 질기고 깨끗한 종이와 인쇄에 적당한 먹, 활자 주조 기술이 동반

[YTN 사이언스]
보존과학의 표본, 팔만대장경

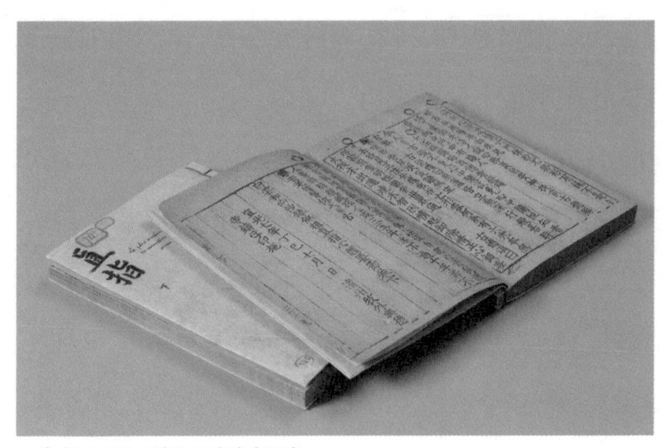

◦ 직지(영인본) ©청주고인쇄박물관

되어야 한다. 고려는 11세기부터 송나라에 수출한 '고려지高麗紙' 라는 종이를 생산했으며 소나무 그을음으로 만든다는 '송연묵松烟墨'은 중국에서 호평할 정도였다.

하지만 궁궐의 화재로 서적이 불타버리고 송과 금의 전쟁으로 인해 서적 수입이 힘든 상황이 벌어지자 고려는 필요한 서적을 직접 인쇄하기 시작했다. 현존하진 않지만 고종 21년(1234) 〈상정고금예문〉 28부를 금속활자를 주조하여 찍어냈다는 기록이 있다.

그럼 현존하는 가장 오래된 금속 활자본은 무엇일까? 청주목 흥덕사에서 간행된 〈백운화상초록불조직지심체요절白雲和尙抄錄佛祖直指心體要節〉이다. 고려 공민왕 1372년에 만들어진 것으로 1445년 구텐베르크의 금속활자보다 78년 앞섰다. 흔히 〈직지直指〉라는 이름으로 알려진 이 책은 어디에 있을까? 아쉽게도 프랑스 국립 도서관에서 소장 중이다.

〈직지〉는 1900년대 주한 프랑스 공사였던 콜랭 드 플랑시에 의해 프랑스로 건너가게 되었는데 골동품 수집가인 앙리 베베르가 이를 구입하였고, 그가 죽자 파리에 있는 국립도서관에 기증되었다. 1955년 프랑스로 유학을 떠난 박병선 박사가 병인양요(1866) 때 프랑스 군이 약탈해간 〈외규장각 의궤〉를 되찾고 싶어 프랑스 국립 도서관 사서로 근무했는데 그러던 중 도서관 귀퉁이에서 먼지 쌓인 책 한 권을 발견했다. 바로 〈직지심체요절〉이었다.

가장 오래된 금속 활자본을 발견했으나 구텐베르크의 금속 활자보다 시기가 앞선다는 주장을 당시 학계에서는 받아들이지 않았다. 박병선 박사는 대장간을 돌면서 활자를 만들어보는 등의 연구를 계속했다. 그러다가 드디어 1972년 프랑스 국립도서관에서 '유네스코 세계 도서의 해'를 기념하는 전시회에 〈직지심체요절〉이 나오면서 우리나라 금속 활자본은 세상의 빛을 보게 되었다.

최고는 하루아침에 만들어지지 않았다. 가장 오래된 목판 인쇄물 신라의 〈무구정광대다라니경〉에서 시작되어 몽골의 침입으로 인한 국난 극복을 염원하는 고려시대의 〈팔만대장경〉, 세계 최초 금속활자본 〈직지심체요절〉까지. 최고에서 최고를 만들어낸 우리 선조의 문화유산이 정말 자랑스럽다.

4부

지류, 직물, 벽화 보존 환경

◦ 〈죽제 천마문 금동 장식 말다래〉ⓒ국립경주박물관

천마도는 진짜 말인가요?

천마도 : 적외선 조사와 보존 처리

목숨을 걸어야 하는 무덤

1973년 초대형 고분인 황남동 98호분 〈황남대총〉을 본격적으로 발굴하기 앞서 무덤의 구조와 성격 등을 파악하기 위해 먼저 조사에 착수한 고분이 있다. 황남동 155호분으로 당시 발굴할 고분 가운데 비교적 규모가 크고 완형의 고분이었다. 조사는 많은 기대와 염려 속에 시작되었다. 금관, 금제 관모, 금제 과대 등 많은 유물이 출토되었는데 그중 눈길을 사로잡은 것은 〈백화 수피제 천마문 말다래〉였다. 이것으로 무덤의 이름이 〈천마총〉으로 정해졌다.

신라의 대형 고분들이 도굴을 피할 수 있었던 것은 신라 고유

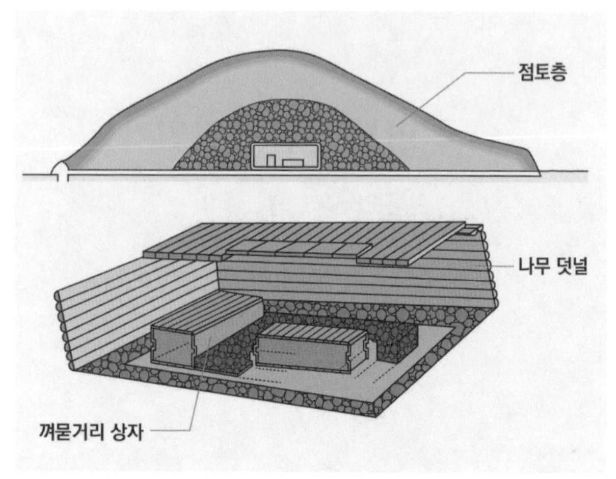

◦ 〈천마총〉의 무덤 구조

◦ 대능원의 모습 ⓒ국립경주박물관

의 '돌무지덧널무덤'이라는 독특한 구조에 그 비밀이 있다. 무덤이 위치할 자리에 관을 넣을 수 있는 덧널을 만들고 그 위에 점토와 자갈을 섞어 다지면서 쌓아 덧널의 기초를 만든다. 그런 다음 바닥에 돌을 정연히 깔아주고 시신을 안치한 관을 넣은 후 머리맡에 궤(부장품을 넣는 상자)를 놓는다. 덧널 윗면을 나무로 덮고 다시 돌을 쌓는데 돌 사이에 점토를 꼼꼼히 바르고 그 위에 흙을 높게 쌓고 꼭대기에 말갖춤(말을 부릴 때 쓰는 연장이나 말에 딸린 꾸미개)을 묻었다. 이러한 구조는 도굴을 시도한 순간 쌓여 있는 돌이 무너질 수 있어 피해가 없었다.

고고학에서 무덤 양식은 그 시대 문화와 내세관을 보여주는 중요한 문화유산이다. 우리나라 신석기시대에는 구덩이를 파서 시신을 묻고 그 위에 조그마한 돌과 큰 돌을 차례로 쌓아 만들거나, 다른 곳에 시신을 묻고 살이 썩으면 뼈만 추려 토기나 돌방에 다시 묻는 세골장이었다. 청동기시대에 이르러서는 무덤의 형태가 다양해지는데 큰 돌을 덮개돌로 써서 만든 고인돌, 돌로 관을 만든 무덤(돌널무덤, 석관묘), 큰 항아리를 관으로 사용한 무덤(독무덤, 호관묘), 땅을 파 구덩이를 만들어 시신을 묻는 무덤(움무덤, 토광묘)이 확인된다.

고분이 본격적으로 만들어진 때는 삼국시대이다. 고구려는 돌로 무덤을 만든 '돌무지무덤(적석총)'으로 내부를 돌방으로 만들어 그 안에 고구려인의 삶과 내세관을 엿볼 수 있는 벽화를 그렸다. 백제에도 고구려와 같은 적석총이 있었는데 서울 〈석촌동 고분군〉이 그것이다. 하지만 백제의 고분은 대부분 '굴식 돌방무덤'으로 무덤 입구가 보여 도굴하기 쉬운 구조였다. 또한 백제는 공주 〈무령왕릉〉과 같은 벽돌무덤 형태도 보이고 나주 영산강 주변의 마한권역에서는 대형옹관도 확인되는 등 다양하다. 신라는 〈천마총〉처럼 나무로 관을 만들고 그 위에 돌을 쌓는 돌무지덧널무덤으로 만들었고 통일신라시대 이후에는 규모가 작아진 돌방무덤으로 변한다.

〈천마총〉 발굴 보고서에 따르면 축조 재료 운반에는 6,700명, 이를 전담하던 인원은 2,200명 정도 필요했으리라 추정했다. 이러한 대규모 공사를 가능케 한 무덤의 주인공은 누구일까?

시신은 하늘을 향해 바로 눕혀 안치하는 '앙와신전장'으로 매장된 것으로 보이지만 유골이 확인되지 않아 장신구류의 출토 위치로만 체구의 크기를 추정해볼 수밖에 없다. 추정된 체구는 특별히 크지도 작지도 않은 보통 체격을 지닌 남자다. 출토품의 편년과 장신구 등을 보아 소지마립간(재위 479~500) 또는 지증마립간(재위 500~514) 중 한 명인데 현재로서는 지증마립간이 가능성이 더 높다. 또 다른 의견으로는 〈황남대총〉과의 위치 관계나 규모 등으로 보아 왕의 동생인 '갈문왕'일 가능성도 제기되고 있다.

자작나무에 그린 천마

〈천마총〉이 주목받는 이유는 다른 유적에서는 볼 수 없는 신라시대의 그림인 〈천마도〉가 출토되었기 때문이다. 〈천마도〉의 정식 명칭은 〈백화 수피제 천마문 말다래〉이다. '말다래'는 말을 타는 사람에게 진흙이 튀지 않도록 막아주는 '마구'인데 안장의 양쪽에 매달아 2점이 한 쌍이다. 말다래는 나무껍질이나 가죽 등의 유기물로 제작되므로 남아있기가 어렵다. 그런데 〈천마총〉 부장품 궤 안에서 3점이 확인되었다. 〈천마도〉는 종이나 직물에 그려진 회화 작품이라고 생각하기 쉽지만 〈백화 수피제 천마문 말다래〉라는 이름에서 알 수 있듯 자작나무 껍질(백화 수피)에 그려진 그림이다. 자작나무는 우리나라 북쪽 지방이나 몽골, 시베리아 등 추운 지방에서 자라는데 키가 20m 넘게 자라고 껍질이 흰색이라 '백화 나무'라고 부르기도 한다. 나무에 물이 오르는 4월 말에서 5월 초가 백화 수피를 채취하기 좋은 시기라고 한다. 〈백화 수피제 천마문 말다래〉의 나무껍질 바깥 부분(외 수피)을 보았을 때 표면이 깨끗하고 부산물이 없는 것으로 보아 좋은 시기에 수피를 채취한 것으로 보인다. 그렇다면 사용된 자작나무는 얼마나 오래된 나무였을까? 나무의 나이는 나이테로 알아낼 수 있는데 약간의 차이는 있겠지만 〈천마도〉에 쓰인 자작나무는 최소 36~52년 이상을 사용한 것으로 보인다.

현재 남아있는 부분으로 추정해보면 말다래 2점은 거의 같은

◦ 〈백화 수피제 천마문 말다래〉 상 ⓒ국립경주박물관

크기로 제작되었다. 말다래는 앞판 1장과 뒤판 2장으로 이루어져 있는데 뒤판 2장은 약간 겹치게 하여 두 올을 꼬아 만든 실로 성글게 바느질하였다. 보통 겹쳐 놓은 2장을 누비는 작업은 줄을 그어서 진행하는데 아래쪽에서 선을 제대로 찾지 못해 누비줄에서 벗어난 부분이 관찰되었다. 또 매듭을 짓고 다시 시작한 부분도 확인되었다. 가장자리에 가죽을 대어 상단을 마감하

[문화유산채널 K-HERITAGE.TV]
천마, 다시 날다

고 비단을 이용하여 하단을 마감하는 등 부위에 따라 마감 방식이 달랐다. 이는 자작나무 껍질이 원래 모양대로 돌아가려는 현상을 막고 온·습도의 영향으로 판이 뒤틀리는 것을 방지하기 위한 것으로 보인다.

'천마'를 그리기 전에 뾰족한 칼을 이용하여 그림을 그릴 곳을 표시해두고 바탕색은 칠하지 않았다. 외 수피의 안쪽에는 연주황색을 이용하여 하얀색 안료로 그려진 천마가 더욱 도드라지게 하였다. 〈천마도〉는 백색, 갈색, 적색, 흑색 그리고 녹색도 드문드문 사용된 것으로 확인된다. 안료 분석 결과 천마와 넝쿨꽃무늬는 납이 검출되어 연백이라는 백색 안료를 사용한 것으로 보이고, 그 외곽선은 소나무의 송진을 태운 그을음에 아교를 섞어 만든 먹으로 그린 것으로 보인다. 적색 부분은 수은이 검출되어 붉은색 안료인 진사를 사용한 것으로, 일부에 보이는 녹색은 석록을 사용한 것으로 보인다. 천마를 그린 부분은 가급적 옹이를 피해서 그렸으며 도안을 비교해본 결과 그림의 필치나 기법에서 차이가 난다. 이는 동일인이 그리지 않았을 가능성도 시사한다.

천마도에 그려진 동물은 말인가? 기린인가?

예전부터 말다래에 그려진 동물이 '천마'인지 상상의 동물 '기

◦ 〈백화 수피제 천마문 말다래〉하 ⓒ국립경주박물관

◦ 〈백화 수피제 천마문 말다래〉하 적외선 촬영 ⓒ국립경주박물관

린'인지에 대한 논란이 계속되어왔다. 머리에 뿔이 있고, 입에서 신령스러운 기우가 뿜어져 나오고, 몸체의 반점과 날개가 있는 점을 들어서 '기린'이라는 의견과 뿔은 말의 이마 쪽의 갈기를 위로 모아 올린 장식적 요소이며 머리와 몸체, 발굽이 보이므로 '말'이라고 주장하는 의견이 팽팽히 맞섰다.

세상에 처음 공개된 대나무 천마

지난 2014년 〈천마총〉 발굴 40주년을 맞이하여 국립경주박물관에서 개최한 '천마(天馬), 다시 날다' 특별전에서 그동안 공개되지 않은 〈백화 수피제 천마문 말다래〉와 발굴 보고서에서만 언급되었던 〈죽제 천마문 금동 장식 말다래〉가 함께 전시되어 큰 주목을 받았다.

〈죽제 천마문 금동 장식 말다래〉는 이름에서 알 수 있듯 얇은 대나무 살을 엮고 앞면에 마로 된 천을 대서 말다래의 바탕판을 만들었고, 그 위에 문양을 오려낸 금동판 장식 10매를 금동 못으로 조합한 것이다. 〈백화 수피제 천마문 말다래〉의 천마와 유사한 모습인데, 출토 당시부터 상태가 좋지 않아 형태를 간신히 유지하고 있었다. 이에 특별전에 전시하기 위해 〈죽제 천마문 금동 장식 말다래〉를 보존 처리하였다.

현재 〈죽제 천마문 금동 장식 말다래〉는 가로 81㎝, 세로 55

㎝의 직사각형 형태로 유실된 부분까지 고려하면 실제 크기는 가로 85~90㎝, 세로 55~60㎝로 추정된다. 내부 구조를 파악하기 위해 경엑스선 투과 분석기Hard X-ray를 사용하여 성분 조사를 하였더니 말다래는 탈부착이 가능하게 제작되었고, 투조 금동판, 직물판, 죽제판으로 구성되어 있었다. 천마는 전체적으로 금속 제품을 안팎으로 두드려 문양을 도드라지게 표현하는 '타출기법'을 사용하여 원근감을 표현하였다. 황금 분할 구도를 이용하여 천마문에 시선이 집중되게 하였는데 말과 꼬리의 갈기가 마치 천마가 달리고 있는 것처럼 표현되었다. 또한 천마 몸의 문양 중 물고기 비늘 모양을 새긴 어린문 장식이 있는데 이는 예부터 용을 상징하는 문양으로 천마가 영적이고 상서로운 동물이라는 것을 보여준다.

투조 금동판에서는 미량의 수은이 확인되었다. 금속을 장식하는 기법으로 수은에 금을 섞어 구리 위에 발라 열로 가열하면 수은은 날아가고 금이 동에 입혀지는 '수은 아말감법'이 있는데 이를 이용한 것으로 보인다. 금동 투조판을 10매로 나누어 제작하여 결합식으로 제작한 것은 직물판과 죽제판을 연결하는 과정에서 단단한 금동판이 파손되는 것을 막기 위한 것으로 보인다.

죽제판의 탈락된 파편을 현미경으로 분석하니 대나무의 특성을 확인할 수 있었다. 대나무는 예로부터 잘 휘어지고 길게 연결할 수 있어 많이 사용된 재료 중 하나이다. 죽제판에 사용된 기법은 '세올짜기'로 가로 방향으로 대나무 1매가 교차되고

◦ 〈죽제 천마문 금동 장식 말다래〉ⓒ국립경주박물관

3매를 위아래로 통과시키면서 빗살무늬가 만들어지는 방식이다. 사용된 대나무 조각은 가로 약 115개, 세로 120개이며 결실된 부분까지 포함하면 약 300개를 사용한 것으로 추정된다.

직물판의 경우 견과 마로 추정되는 서로 다른 직물이 확인되었고 가죽의 흔적을 확인했으나 아주 일부만 확인되어 어떤 역할을 하였는지는 유추할 수 없었다.

금동 투조판-직물판-죽제판의 연결은 '금동 원두정(금박을 한 못)'으로 하고 반짝거리도록 매달아 놓은 '영락 장식'과 가장

[국립경주박물관]
박물관의 보존과학 : 금속 보존 처리

◦ 천마총 외관 ⓒ한국저작원위원회

자리를 금과 은으로 장식(복륜)한 것을 결합했다. 제작 기법 연구를 통해 〈죽제 천마문 금동 장식 말다래〉의 금동 장식이 어떤 재질로 만들어져 어떻게 연결했는지를 확인함으로써 이를 제작하는 과정에서 얼마나 큰 노력이 담겼는지를 알 수 있다.

예전에는 경주로 수학여행을 가는 것이 하나의 코스였다. 〈천마총〉은 무덤 안으로 들어가 볼 수 있는 유일한 능묘로서 1,500년 전 신라인의 죽음에 대한 생각과 그 너머의 염원을 들여다볼 수 있다. 〈천마도〉에 그려진 것이 말인지 기린인지 가려내는 것보다 신라인이 담고자 했던 정신에 더 관심을 기울여보는 것은 어떨까?

X-선 분석

X-선 분석X-ray radiography은 내부 형태나 균열, 부식 등을 확인할 수 있어 비파괴 분석법 중 가장 대표적인 방법이다. 1895년에 독일의 물리학자 뢴트겐이 발견하는데 X-선을 발견한 업적으로 제1회 노벨 물리학상을 수상하였다. 이후 X-선은 의료 진단용으로 이용되는데 1차 세계대전 당시 발부상을 당한 군인들의 군화를 벗기지 않고 촬영하기 위해 만들어진 것을 1920년 보스턴에서 열린 신발 박람회에 소개되면서 특허를 받기도 했다.

X-선은 에너지의 파장이 긴 연엑스선Soft X-ray과 파장이 짧은 경엑스선Hard-X-ray이 있다. 관전압인 kV가 높을수록 엑스선관 내부의 전자 수가 증가하여 X-선량이 커지므로 영상의 화질이 선명해진다.

방사선은 고에너지이므로 물질을 투과하거나 전리(이온화)되는 특성을 이용하여 암 치료나 제품의 결함을 발견하는 산업현장 등 여러 분야에서 쓰인다. 보통 병원이나 공항에서 쓰이는 X-선 기기는 경엑스선이다. 경엑스선의 경우 방사성동위원소취급 일반면허가 있는 사람만이 운용이 가능하다.

◦ 한지 ©한국저작권위원회

종이를 발명한 중국으로 수출한 종이

가장 자연적인 한지 : 제지 원리

대나무처럼 구하기 쉽고 비단처럼 가벼운

종이는 중국 후한 시기의 환관 채륜이 105년에 뽕나무 껍질, 삼베 등의 식물성 재료를 두들겨 만든 '채후지'에서 시작했다고 전해진다. 채륜의 종이보다 앞선 '삼으로 만든 종이'가 발견되어 최초라고 단정 지을 수는 없지만, 채륜이 이전보다 더 좋은 품질의 종이를 생산해서 널리 보급했던 것만은 분명하다. 종이가 발명되기 이전에는 대나무 등 나무를 이용하거나 비단을 사용했다고 전해진다.

우리나라에는 중국 후한 말 종이와 제지법이 들어왔다는 의견과 3~4세기에 불교가 전래되면서 종이와 제조 기술이 도입되었다는 이야기가 있다. 610년 고구려의 담징이 일본에 종이, 먹 등을 전해주었다는 《일본서기》*의 기록으로 보아 그 이전부터 종이를 제작하고 이를 전해줄 정도의 기술력이 있었다고 짐작할 수 있다.

통일신라시대에는 경주 한지 '계림지鷄林紙'가 유명했는데, 현존하는 가장 오래된 목판 인쇄본인 〈무구정광대다라니경〉을 통해 그 수준을 짐작해볼 수 있다.

고려시대에는 불교가 국교가 되면서 불경 조판 사업이 활발하게 이루어졌고 '지장'이라 하여 전문 제지 집단을 운영했다. 한치윤의 《해동역사》를 보면 "송나라 손목이 《계림지鷄林志》에서 고려의 종이를 희고 아름다워 백추지라 불렀다."고 기록하고 있는데 종이가 신라시대 때부터 만들어져 오다가 고려시대에 정점에 이른 것으로 보인다. 명나라의 《고반여사》에서는 '견지'라 하여 "고려 종이는 누에고치로 만들어 비단처럼 희고 질기며 글을 쓰면 먹을 잘 받아들여 사랑스럽다. 이것은 중국에서는 생산되지 않는 진품이다."라고 평하고 있다.

조선시대에는 '조지소'를 설치하여 관영 중심으로 운영되었는데 후기에는 늘어난 수요와 명·청의 조공 압박 등으로 종이의 원료가 되는 닥이 부족하여 짚, 보리, 갈대 등을 부원료로 사용하기도 했다.

---

* 720년에 완성된 일본에 존재하는 가장 오래된 정사라고 한다.

천년종이의 비밀

'지천년紙千年 견오백絹五百'이란 말이 있다. '종이는 천년 가고 비단은 오백 년 간다'라는 뜻이다. 우리의 한지는 뽕나뭇과에 속하는 닥나무의 인피 섬유로 제작하는데 같은 종류의 닥나무라도 기후나 토질 등의 재배환경에 따라 섬유의 길이나 폭이 달라져 품질에 영향을 준다. 보통 닥나무는 그해에 재배된 1년생을 사용하는 것이 가장 좋으며 주로 11~2월 사이에 채취한 것을 사용하는데 이때가 섬유질이 가장 풍부하고 수분이 적당해 닥껍질을 벗기기 좋기 때문이다.

좋은 한지를 만들려면 닥나무의 흑피 및 청피를 벗겨내고 백피만을 삶는다. 이를 '증해'라고 하는데 여기에 볏짚, 메밀대, 콩대, 고춧대 등 초본 식물을 태워 얻은 천연 잿물을 넣는다. 그런 다음 순수한 섬유소만을 남기고 유연하게 만드는 '고해' 공정을 거친다.

고해는 삶아진 백피를 흐르는 물에 담가 잿물을 제거하고 잡티 등을 없앤 다음, 물을 짜내고 평평한 곳에 놓고 1~2시간 정도 골고루 두들겨주면 섬유가 유연해져 물에 잘 풀어지는 상태로 만드는 작업이다. 과거에는 방망이나 디딜방아를 이용하였다. 잘 고해된 원료를 '지통(종이를 뜰 때 그 재료를 물에 풀어 담는 큰 나무통)'에 넣고 잘 저어 분산시킨다. 이때 균일하게 퍼지게 하기 위해 황촉규(닥풀)를 넣어 잘 섞는다. 다음으로는 대나무

◦ 한지 만드는 장면(의령 신현세 장인) ©문화재청

로 만든 발을 넣고 종이를 뜨는데 이것을 '초지'라고 한다. 우리나라는 '외발뜨기'로 종이를 뜨는데, 초지를 넣은 발을 전후 좌우로 물질하면 사방으로 교차되면서 종이의 강도가 높아진다. 일본은 '쌍발뜨기'를 하는데 발을 좌우 한 방향으로 흔들기 때문에 섬유의 방향이 일정하지만 외발뜨기에 비해 강도는 다소 떨어진다. 외발뜨기로 제작된 한지는 목판 인쇄에 적합한 강도를 가졌다.

떠낸 한지는 포개어 널빤지 사이에 넣은 다음 무거운 것으로

[YTN 사이언스]
전통 한지는 어떻게 만들어지는가?

눌러 물기를 뺀 후 한 장씩 떼어내어 건조한다. 마지막으로 우리만의 공정이 있는데 '도침'이라 하여 종이 표면에 풀을 바르고 수십 장씩 포개어 놓은 다음 두들겨 치밀하고 광택이 나게 하는 과정이다. 이 과정을 거치면 글씨가 잘 번지지 않는다.

쓰임이 다하여도 재활용되는 종이

2021년 국립문화재연구소에서 창덕궁 인정전의 〈일월오봉도日月五峰圖〉 보존 처리 완료 소식을 알렸다. 〈일월오봉도〉는 왕의 권위와 권력을 상징하는 조선시대 궁중 장식화의 하나로 과거 다섯 차례나 보수가 진행된 적이 있다. 하지만 2015년 〈일월오봉도〉의 열악한 보존 상태가 다시 제기되어 보존 처리가 진행된 것이다.

입구가 개방된 창덕궁 인정전은 자연광과 먼지 등에 노출되어 있어서 〈일월오봉도〉의 그림면은 탈색·변색되고, 병풍 하단의 광목과 비단도 손상되고, 그림과 병풍이 분리되어 들떠있는 상태였다. 이에 정밀한 상태 점검을 시작하고 적외선 촬영을 하여 눈에 보이지 않는 밑그림 등을 확인한 뒤 보존 처리에 들어갔다.

〈일월오봉도〉는 비단에 그려져 있는데, '배접지'*를 조사한

* 두텁고 튼튼하게 만들기 위해 덧붙이는 종이

결과 1차 배접지는 대나무로 만든 죽지이고 2차 배접지는 닥나무로 만든 한지였다. 이 과정에서 과거 시험 답안지인 '시권'과 1963년에 발간된 신문지가 2차 배접지로 드러났다. 병풍을 제작할 때 오랫동안 형태를 유지할 수 있도록 병풍의 속틀에 3겹 이상의 종이를 덧대는데 종이가 귀한 시절에는 고문서 및 서책 등을 뜯어 배접하기도 하였다. 이러한 이유로 배접지를 보면 제작 시기, 표구 및 장정의 연대 등을 추정할 수 있는데 이는 문화재 원형 복원에 중요한 자료가 된다.

과거 시험은 보통 합격한 경우에는 답안지를 다시 돌려주는 반면 불합격한 경우에는 되돌려주지 않고 이를 재활용하였다. 조선시대 재정과 군정의 내용을 기록한《만기요람》이라는 책에서 과거에 떨어진 사람들의 '낙폭지'를 거두는 규정과 과정에 대해 알 수 있다. 이에 따르면 공정한 평가를 위해 채점자가 특정인의 필체를 알아보지 못하게 응시자가 제출한 답안을 서리가 베껴 썼는데, 채점이 끝난 후 이를 재활용하였다고 기록하고 있다. 이런 종이는 추위를 막기 위해 솜 대신 종이를 넣어 만든 군사의 겨울옷(지의)을 만들거나 화전(불화살)을 만들 때 유용하게 활용되었다.

◦ 창덕궁 인정전〈일월오봉도〉처리 전(위)과 후(아래) ©문화재청

◦ 그림 뒤 2차 배접지로 사용된 시권 ©문화재청

문화재 복원재료로서 각광받는 한지

중국 선지는 2009년에, 일본 화지는 2014년에 유네스코 인류 무형문화유산에 등재되었지만, 한지는 아직 그 반열에 오르지는 못하였다. 이는 근대화 과정에서 수요가 줄어들고 1970년대 이후 양지로 대체된 데다가 작업의 높은 업무 강도와 기술 전수의 어려움으로 이어지면서 한지가 설 자리를 잃었기 때문이다.

복원제로 쓰이는 종이는 보존 처리 대상을 구성하고 있는 물질과 조화를 이루고 원재료에 미치는 영향이 적은 재료를 선택해야 한다. 이러한 이유로 지류 문화재를 보존 처리할 때 한지를 사용했으며 최근 외국에서도 복원재로서 한지를 눈여겨보기 시작했다. 2017년 루브르 박물관에서 〈바이에르의 막시밀리앙 2세 책상〉의 부러진 손잡이를 복원하는 데 전주 한지가 사용되었고, 이어서 전주시가 '1904년 고종황제와 바티칸 교황 간 친서'를 전주 한지로 복원하여 교황청에 전달하기도 했다. 2018년에는 이탈리아 국립기록유산보존복원중앙연구소ICPAL에서 한지가 이탈리아 문화재를 복원하는데 쓰이는 재료로 적합하다는 인증을 받았다.

중국의 '선지'나 일본의 '화지'보다 '한지'가 문화재 복원 재료로서 각광을 받는 이유는 종이의 질과 광택이 좋기 때문이다. 한지를 구성하는 재료인 닥나무의 인피 섬유는 강한 내구성이 특징이다. 또한 한지는 화학 재료를 사용하지 않고 자연 재료로 만들기 때문에 pH가 7.89로 중성에 가깝다.

한지의 도약을 위해 정부는 전통산업 육성의 필요성을 인식하고 지원을 강화하여 2018년에는 전통적인 방식으로 한지를 제조하는 곳이 22곳으로 늘어났다. 지금도 장인의 초지 기술에 따라 품질이 결정되는 한지의 우수성을 과학적으로 밝히고 쓰임에 맞는 품질을 갖추기 위한 조사·연구가 진행되고 있다. 앞으로 복원 재료로서의 한지의 가능성이 드러난 만큼 한지에 대한 관심과 지원이 필요하다.

[스브스뉴스]
수백년 전 유럽 왕의 책상에 한국 전통 종이 한지가 있다?

◦ 은조사 구장복 ©문화재청

황제만 사용할 수 있던 색

곤룡포에 담긴 권력 : 안료 분석

고증의 딜레마

조선시대를 배경으로 한 '한국판 엑소시즘 판타지 액션 사극'이라는 타이틀을 걸고 시작한 드라마가 단 2회만 방영하고 종영한 일이 있다. 판타지라고는 하지만 잘못된 고증과 의도적인 역사 왜곡이라는 비판이 거세지자 결국 종영한 것이다. 문화콘텐츠로서의 역사는 다양한 자료가 많지 않은 까닭에 '가능성'과 '한계'를 동시에 지녔다고 볼 수 있다.

영화 〈광해, 왕이 된 남자〉는 《광해군일기》의 "숨겨야 할 일들은 기록에 남기지 말라 이르다."라는 단 한 문장으로 대중의 흥미와 궁금증을 끌기에 매력적인 이야기였다. 하지만 역사적 사실과 실존 인물의 이야기에 상상을 더해 창작되었기에 만약 시청자들이 이를 비판 없이 받아들이면 스스로 역사 왜곡을 자행하는 셈이다. 역사 고증과 창작의 허용 범위에 대해 콘텐츠 제작자와 대중이 함께 고민해야 한다. 이런 사극에서 제일 많이 거론되는 고증의 문제 중 하나가 복식이다.

왕도 못 말린 백의(白衣)사랑

흔히 우리 민족을 '백의민족白衣民族'이라 한다. 19세기에 한국을 오간 외국인의 눈에도 그러했다. 독일의 오페르트가 쓴《조선 기행》에서 "옷감 빛깔은 남자나 여자나 다 희다."라고 말할 정도로 우리 민족은 흰옷을 좋아했다.

우리 민족은 언제부터 흰옷을 즐겨 입게 된 것일까?《삼국지》'위서 동이전'에 "부여인들은 옷 가운데 흰옷을 좋아하며, 흰색 옷에 소매가 넓은 겉옷과 바지를 입는다."는 기록이 있다. 당나라의《수서》에도 "신라의 의복은 대략 고구려, 백제와 같으며 의복의 색은 희다."는 기록이 있다. 송나라의 서긍이 지은《고려도경》에도 "삼한의 의복 의제는 염색한 것을 듣지 못했으며 (…) 옛 풍속에 여자 옷은 흰색 저고리에 노란색 치마를 입었으며, 위로는 왕족과 귀족으로부터 아래로는 백성들 처첩에 이르기까지 한결같다."라고 이야기하고 있다. 특히 고려 충렬왕 때

원나라에서 동방의 나라인 고려에서 백색이나 황색의 옷을 입는 것을 금지해야 한다고 하여 '백의 금령'을 내렸으나 잘 시행되지 않았던 것으로 보인다.

조선 태조도 "모든 남녀의 황색, 회색, 흰색 옷을 일절 금한다."라는 금령을 내렸으며 영조 때에도 "국가가 생긴 이래로 각각 숭상하는 복색이 있었다. 우리나라는 동쪽에 있는 나라이니 마땅히 청색을 숭상해야 할 것인데 사람들이 모두 흰옷을 입으니, 어찌 아름다운 징조이겠는가? 하물며 선왕조의 영이 있었으니 공경*에서 사서**까지 길복(보통 옷)은 일체로 청색을 숭상하라."며 왕이 말릴 정도였다. 이는 오행설에 근거한 사상으로 동방東方은 오행의 목木에 해당하여 청색이고 서방西方은 금金으로 백색이며 중앙은 토土로 황색을 상징한다고 여겼기 때문이다.

권력과 신분을 상징한 색

동양에서 색에 대한 인식은 '음양오행설'에 근거한다. 우주 만물은 어둠을 상징하는 음과 밝음을 상징하는 양, 그리고 다섯 가지 수水, 화火, 목木, 금金, 토土로 구성되며, 흑黑, 적赤, 청靑, 백白,

* 삼정승과 삼정승에 다음 가는 아홉 고관직.

** 사대부와 일반 백성을 이르는 말.

황黃을 기본색으로 규정지었다. 고대 중국은 음양오행 사상에 기초하여 오색 중 하나를 왕조의 상징으로 정하고, 천자 이외 모든 벼슬아치가 일률적으로 다른 색상의 의복을 입었다. 즉 복색은 처음에는 서열을 상징하는 의미로서 쓰인 것이 아니라 음양오행의 사상에 따라 정했다. 이후 색은 신분과 계급을 구별하는 상징으로 변한다.

《삼국사기》에 따르면 백제는 자색(짙은 남빛을 띤 붉은색), 비색(짙은 분홍색), 청색으로, 신라는 자색, 비색, 청색, 황색으로 규정하였고 고구려는 중국의 기록과 고구려 고분 벽화를 통해 백색, 청색, 비색으로 공복의 색을 정했다.

시대별, 국가별로 차이는 있었으나 고대부터 관료의 계급에 따라 복색을 규제하였는데, 대체로 자색, 비색, 단색(입술이나 피의 빛깔과 같이 짙고 선명한 색), 홍색 등 붉은 계열이 상위 복색이고, 청색, 황색, 녹색, 심청색(짙은 푸른색), 천벽색(하늘 빛깔 색)은 하위 복색으로 여겼다.

황제만 사용할 수 있는 색

조선시대 왕실에서는 복식을 유교의 예를 표현하는 것으로 여겨 중요한 예식에는 그 격식에 맞는 의례복을 갖춰 입었다. 종묘와 사직에 제를 올리는 제례, 관례나 혼례 때 입는 면복은 최고의 법복으로 면류관 장식과 장문의 등급으로 그 권위와 위계를 표현하였다. 황제는 12면류관에 12장복, 친왕제는 9면류관에 9장복, 세자는 8면류관에 7장복으로 엄격하게 규정하였다. 조선에는 의복 전문 부서인 '상의원'이 따로 있었고《상방정례》에 왕실의 의복에 관한 모든 절차와 내용을 기록하였다.

세종 때부터 정사를 볼 때 붉은색 '곤룡포'를 입었는데 단령*에 금사로 자수된 발톱이 다섯 개 있다는 전설의 용 '오조룡'을 금사로 자수하여 붙였다. 이는 중국의《대명회전》에 천자의 곤룡포는 황색이고 제후왕은 붉은색이라는 내용을 따른 것이었다.

조선을 건국한 태조는 청색 곤룡포를 입고 있다. 당시 새로 왕이 즉위하면 중국의 황제로부터 고명이라 하여 왕으로 책봉하는 문서와 면복, 도장인 인신을 받았는데, 명나라 홍무제가 고려의 군주 대행이라는 '권지고려국사'라는 직책만 내리고 조선 왕으로 책봉을 해주지 않았기 때문으로 보고 있다.

황색 곤룡포를 입은 〈고종 어진〉을 보면, 1897년 고종이 대한제국을 선포하면서 제후국에서 제국으로 격상되었고 이에 황제의 권위를 상징하는 황룡포를 입고 구장복에 해와 달, 별을 더해 넣어 천지 만물을 관장하는 12장복을 입었음을 알 수 있다.

* 조선 시대 깃을 둥글게 만든 관복

◦ 〈고종 어진〉©국립중앙박물관

◦ 곤룡포 ©국립고궁박물관

옷 속에 담긴 권력의 무게

국립중앙박물관에는 고종이 착용한 것으로 기록된 '은조사 구장복'이 소장되어 있다. '구장복九章服'은 고려 말부터 조선시대에 왕이 착용한 대례복이다. 면복에 수놓은 아홉 개의 무늬(구장문)는 왕이 나라를 통치함에 있어 필요한 덕목을 상징적으로 표현한 것이다.

상의는 의衣라 하여 '양陽'을 상징하고 홀수인 다섯 가지 문양을 사용했다. 자유자재로 변화하는 능력을 상징하는 용龍은 양어깨에 얼굴이 마주 보게 그리고, 바른 정치를 의미하는 산山은 등 한가운데 그렸다. 밝음을 상징하는 불火, 종묘제례용 술잔인 종이宗彝, 화려한 무늬를 본떠 굳은 지조와 덕을 갖춘 꿩은 화충華蟲을 의미한다. 화, 종이, 화충은 양쪽 소매 뒤쪽 끝에 위에서 아래로 각각 3개씩 그렸다. 이중 술잔인 종이 안에는 동물을 그렸는데 오른쪽 소매에는 용맹을 상징하는 호랑이를, 왼쪽 소매에는 지혜를 상징하는 원숭이를 그려 넣었다.

하의는 상裳이라 하여 '음陰'을 상징하고 짝수인 네 가지 문양을 사용했다. 수초를 의미하는 조藻는 화려한 문양으로 청결하고 옥같이 맑음을 상징하고, 백성을 상징하는 분미粉米는 쌀로 황제의 의무를 담아냈고, 도끼를 상징하는 보黼는 황제의 강하고 엄한 결단력을, 신하와 군신의 도리를 상징하는 불黻은 악을 멀리하고 선을 행하라는 의미를 담았다.

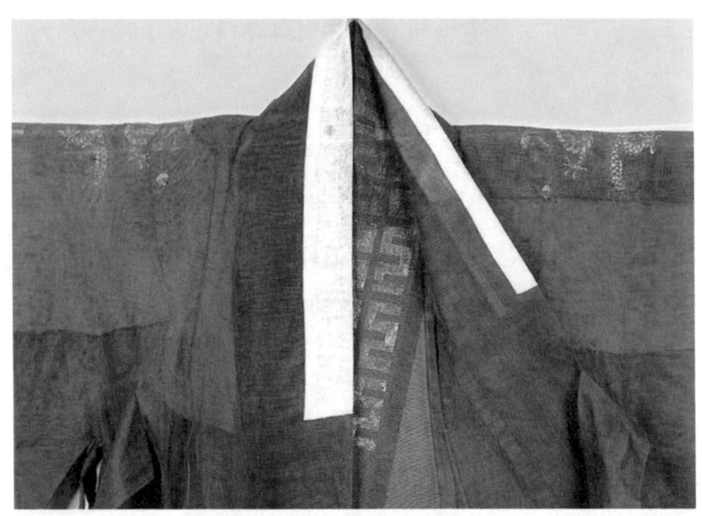

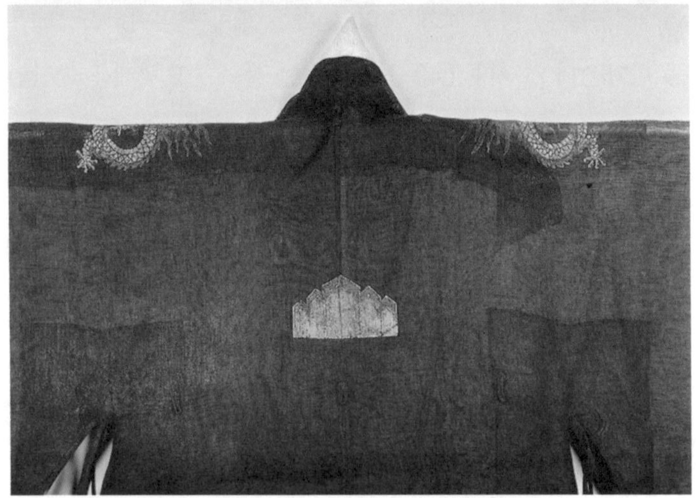

◦ 용은 양 어깨에 마주보게 그리고, 산은 등 한가운데 그렸다. ©문화재청

구장문에 쓰인 채색 안료를 에너지 분산형 형광 분석기ED-XRF로 분석한 결과 황색, 적색, 녹색, 청색으로 크게 구분되었다. 황색은 용, 산, 화충, 종이, 불 무늬에 사용되었는데 대부분 금이 주성분으로 확인되었다. 용, 화, 화충, 종이에 사용된 적색은 수은이 검출된 것으로 보아 진사가 원료로 쓰였고, 녹색이 표현된 화충, 종이, 용, 산에는 구리와 비소, 칼슘이 검출되어 인공합성 안료인 양록으로 확인되었다. 청색은 화충과 산에 사용되었으며 납이 주성분으로 확인되어 유기안료를 연백과 함께 사용한 것으로 추정되었다.

구장복에 사용한 안료의 종류를 확인하고 분석한 결과를 통해 19세기 후반 궁중에서 인공 합성 원료가 도입되고 전통 안료와 함께 쓰였다는 사실을 확인할 수 있다.

◦ 〈영주 부석사〉와 봉황산 노을 ©한국저작권위원회

시간을 거슬러 다시 태어나다

부석사 조사당 벽화 : 재보존 처리

우주의 사방을 지키는 수호신이 그려진 벽화

경북 영주 〈부석사 조사당 벽화〉는 현재 남아있는 가장 오래된 사찰 벽화이다. 고려 우왕 3년인 1377년에 제작했다는 묵서명 기록이 있어 더욱 가치가 있다. 현재 남아있는 사찰 벽화와 단청은 대부분 조선 후기의 것인데 그 이유는 임진왜란 등의 전란에 의해 많이 사라진 데다 목조 건물은 보수 과정에서 벽화가 교체·유실, 덧칠되는 등 그 원형을 유지하는 경우가 드물기 때문이다.

〈부석사〉를 창건한 의상대사를 모신 〈부석사 조사당 벽화〉는 총 6점으로 서방광목천왕, 남방증장천황, 동방지국천왕, 북방다

◦ 〈부석사 조사당 벽화〉©문화재청

문천왕의 '사천왕상'과 함께 범천*, 제석천**의 벽화이다. 그중 사천왕상은 우주의 사방을 지키는 인도의 호법신으로 원래 토착 방위신이었는데 사방을 지키는 수호신에서 불교와 결합하여 신앙으로 발전되고 음양오행설과 결부되면서 더욱 강조되었다.

사천왕상이 알려진 것은 삼국시대로, 경주 〈감은사지 서 삼층 석탑 사리장엄구〉에서 나온 사리함에서 그 존재를 찾아볼 수 있다. 이 사리장엄구***는 682년경 제작된 것으로 사리함 4개의 면에 사천왕상이 1구씩 주조되어 있다. 불교가 국교인 고려시대에 크게 유행했을 것이라 추측되지만 예상외로 사천왕상의 조각이나 불화는 남아있는 것이 그리 많지 않다.

〈부석사 조사당 벽화〉가 특이한 점은 또 있다. 사천왕상 벽

---

* 제석천과 함께 부처님을 양옆에서 모시는 수호신

** 불교의 수호신. 부처님과 그 가르침을 수호하는 신

*** 부처를 상징하는 사리를 탑에 넣을 때 사용되는 용기나 공양물

◦ 〈보물 감은사지 서 삼층석탑 사리장엄구〉 사천왕상 ©국립중앙박물관

화는 기존 통일신라시대의 석굴암이나 고려시대의 불화에서 보이는 본존의 동쪽에 동방지국천왕이 배치하는 '동향법'이 적용되지 않고 '남향법'에 입각하여 배치되어 있다는 것이다. 조선시대 보편적인 방식이 고려 후기 사찰인 〈부석사 조사당〉에서 발견되었으니 남향법이 등장하는 시기를 추정해볼 수 있는 자료가 되었다.

지금의 최선이 최선이 아닐 수도

한국의 사찰 벽화는 주로 흙을 사용한 '토벽화'이다. 벽화가

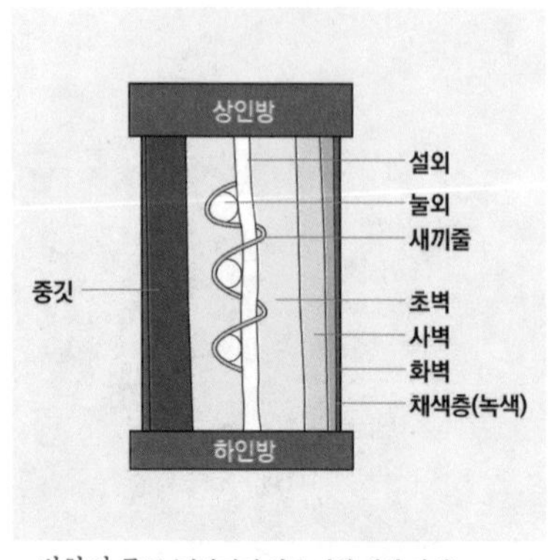

◦ 벽화의 구조(일반적인 한국 사찰 벽화 양식)

그려지는 벽면은 기둥과 기둥 사이에 가로 부재인 '인방'과 그사이에 세로 부재인 '중깃'을 설치하고 나뭇가지로 십자 모양의 '외가지'를 설치하는데 그사이를 새끼줄로 매어 주면 골격이 완성된다. 이 골격에 토벽을 만들고 벽체는 수축과 균열로 인한 훼손을 방지하기 위해 흙과 짚을 혼합한 반죽에 해초풀이나 황촉규풀 등을 배합하여 초벽을 만들어 준다. 그리고 그 위에 중벽, 화벽을 차례대로 만드는데 그림을 그리는 화벽은 고운 흙과 석회를 이용하여 표면을 조성한다. 그 위에 안료를 이용하여 벽화를 그리는 채색층을 구성한다.

일제강점기인 1916년 '고적 보수공사' 사업으로 〈부석사〉를 보수하면서 "벽화의 방치 시 멸실이 우려된다."는 내용이 언급되었다. 이후 〈부석사 조사당〉이 누수 등으로 해체가 결정되어 벽화가 그려진 벽체가 분리되었다. 그때 "조사당 벽화 6면을 외함에 보관하여 부석사에 보존한다."는 기록이 있는 것으로 보아 바로 보존 처리가 되지 못하고 방치되다가 1925년에 보존 처리된 것으로 보인다.

벽체를 해체하는 방법은 채색면과 벽체층 전부를 분리하거나 채색층과 마감층을 분리하는 법, 채색층만 분리하는 방법이 있는데 당시 〈부석사 조사당 벽화〉은 채색면과 벽체층 모두를 분리하는 방법으로 해체되었다. 벽체를 해체하는 과정에서 균열과 손상이 동반되어 보강 재료로 석고를 이용하여 처리하였으나 이후 추가적인 손상이 계속하여 발생했다.

벽화는 분리되어 〈부석사 무량수전〉에 보관되었다가 1985년 문화재관리국의 주도하에 보존 처리가 이루어졌다. 벽화 표면에 소금 결정이 생겨 이탈리아 플로렌스 연구소에서 개발한 찜질 방법을 도입하여 처리했다. 암모니아 용액을 펄프에 적셔 벽화 표면에 밀집되게 붙이는데 불순물과 소금의 결정체까지 제거되어 뿌옇던 형태에서 밝고 선명한 상태로 회복되었으나 시간이 지나면서 다시 안료가 박리되는 등 상태가 나빠졌다. 안료가 계속 떨어지는 것을 막기 위해 저농도 아크릴수지로 강화 처리한 후 〈부석사 보장각〉에 전시했는데 2002년 다시 채색층이 떨어지는 문제가 발생했다.

다시 〈부석사 조사당 벽화〉의 채색면의 오염물을 제거하고 박리되는 부분을 증류수로 희석한 아교로 보강한 후 신축한 월정사 성보박물관에 전시되었으나 전시 환경의 문제로 또다시 채색층이 박리·박락되는 현상이 반복되었다.

〈부석사 조사당 벽화〉를 '지하 투과 레이더Ground Penetrating Rader, GPR'로 조사했더니 벽체 내부 40㎜ 아래 조밀한 구조의 외가지층이 보였다. 이는 중깃과 외가지를 기초로 하고 흙으로 벽체를 조성한 사찰 벽화의 전형적인 구조이다. 목재의 수종은 중깃은 소나무류로, 벽화의 프레임은 '측백나무'와 '노송나무(편백) 속'으로 확인되었다.

벽화를 그린 안료는 추가적인 조사가 필요하지만 벽 마감층 위에 황토로 바탕을 칠하고 녹색 안료를 이용하여 배경색을 칠했는데 덧칠한 흔적이 상당 부분 확인되었다. 주사 전자 현미경으로 벽체를 보강한 물질의 표면과 성분을 분석한 결과 칼슘, 황 성분이 주로 검출되어 우리가 흔히 알고 있는 석고로 확인되었다.

〈부석사 조사당 벽화〉가 손상된 주요 원인은 백색의 '염'이다. 채색층을 가리고 있는데 그중 손상이 가장 적은 서방광목천왕과 가장 많이 진행된 남방증장천왕을 대상으로 정밀 조사와 특성 분석을 진행했다. 이동식 디지털카메라와 디지털 3차원 현미경으로 벽화의 손상 상태를 기록, 염의 분포 범위를 확인하고 휴대용 X-선 형광 분석기를 이용하여 염의 화학 조성을 분석했다. 그 결과 1985년 진행했던 염 제거 작업 중 제대로 처리되지 않은 일부가 남아있음을 확인할 수 있었다. 주변 오염물은 석고로 확인되었는데 채색층과 바탕층에 밀착되어 있었다. 염의 결정은 채색층 사이사이에도 확인되었다. 이대로 손상이 진행되면 아마도 채색층이 떨어져 나갈 것으로 판단된다.

사라지는 벽화와 이어지는 질문

현재까지 조사된 벽화 문화재는 사찰 벽화 5,351점, 궁궐, 유교 벽화 1,120점 등 총 6,500여 점에 달한다. 하지만 이에 대한 조사와 관리가 제대로 이루어지지 못했다. 건물의 내·외부에 그려진 벽화들은 건물의 노후화로 보수를 하더라도 문화재로 다루지 않고 분리되거나 사라지는 일이 빈번했다. 이에 문화재청에서는 학술 심포지엄 등을 거쳐 '벽화 문화재 보존·관리 규정'을 제정하여 체계적인 관리에 돌입한다고 밝혔다.

◦ 〈부석사 조사당〉 이동 전 벽체 보강 작업 모습 ©문화재청

문화재의 보존 처리는 재료가 시간과 환경적 요인에 의해 기능과 상태가 변하는 열화현상으로 문제에 직면하는 경우가 많다. 그래서 보존 처리에 써오던 약품이나 방법이 문제를 일으키면 이를 해결하기 위한 조사와 연구가 이어지기도 한다.

〈부석사 조사당 벽화〉는 일제강점기에 이루어진 보존 처리

[문화재청]
〈부석사 조사당 벽화〉 보존 처리를 위해
국립문화재연구소로 이동!

◦ 감은사 터 서삼층석탑 사천왕상 ©국립중앙박물관

에 쓰인 석고에 의한 염으로 피해가 발생했다. 당시 석고는 단단한 물성 등을 이유로 보강 재료로 이용되었지만 석고의 물질적 특성을 제대로 파악하지 못했고 온·습도의 영향으로 새로운 손상이 발생한 것이다. 〈부석사 조사당 벽화〉는 2020년 조사에 착수, 보존 처리에 들어가 2026년까지 보존 처리와 연구를 진행할 예정이다.

어떤 재료가 보존 처리에 적용되기까지 처리자는 끊임없는 질문을 하게 된다. 다행히 최근에는 재료와 방법을 적용하기 전에 선행 조사와 연구를 충분히 진행한 후 많은 이의 자문이 더해져 진행되는 추세다. 시간을 거슬러 다시 태어나는 일은 결코 쉬운 일이 아니다. 하지만 노력과 연구로 불가능을 가능하게 하는 보존 처리 분야는 계속해서 성장하고 있다.

지하 투과 레이더

보존과학에 X-선이 있다면 고고학에는 지하 투과 레이더Ground Penetrating Radar, GPR가 있다. 고고학은 땅속의 주거지, 무덤 등 움직일 수 없는 유구와 석기, 토기, 청동기, 철기와 같은 다양한 재질로 만들어진 유물을 발굴하여 선조의 삶과 역사를 복원해내는 학문이다. 발굴은 땅 아래 무엇이 묻혀있는지 알 수 없기 때문에 우선 땅을 파지 않고 지표면을 조사하는 지표 조사와 본격적인 발굴 전에 시행하는 시굴 조사가 있다.

시굴 조사에서 유구나 유적이 발견되면 비로소 발굴 조사가 시작된다. 이때 지하 투과 레이더로 땅을 파지 않고도 땅속을 들여다볼 수 있다. 전자기파를 지하로 쏘아 반사되어 오는 파장을 통해 무엇이 묻혀 있는지를 아는 원리이다. 땅속으로 들어간 전자기파는 굴절과 반사를 하면서 땅속으로 가는데 물체에 닿으면 꺾이면서 처음에 진행하던 각도와 다르게 진행하고 에너지는 감소한다.

이렇듯 지하 투과 레이더는 법의학 분야, 고생물학 분야 등 땅 밑 지형지물 파악에 유용하다.

◦ '사유의방'에 전시된 〈금동 반가사유상〉 ©국립중앙박물관

박물관이 어두운 이유

회화 유물 교체 전시 : 소장품의 전시 환경 관리

유물을 가장 유물답게 보여주기 위한 장치

박물관 전시실에 들어서면 유난히 어둡다는 느낌을 받을 것이다. 백화점 같은 매장에서는 진열된 상품을 돋보이게 하기 위해 여러 종류의 조명을 사용하지만, 문화재를 전시하는 박물관은 유물의 안전한 보존을 위해 그리할 수가 없다. 박물관은 관람객의 관람을 위한 조명과 함께 유물의 안전한 전시 조명 기준이 필요하다. 국제 박물관 협의회, 미국·캐나다 연합조명학회, 국립중앙박물관 등 관련 기관에서는 전시물의 유형에 따라 조도를 제한하는 규정을 정하고 있다.

전시에 사용되는 조명은 방향성 없이 넓은 공간에 사용되는 전반 조명과 포인트가 필요한 부분에 쓰는 국부 조명으로 크게 나눌 수 있다. 국부 조명은 기획자가 의도한 부분을 잘 표현해줄 수 있지만 유물에 직접적인 영향을 줄 수 있어 고민이 필요하다.

명(明)과 암(暗)이 존재하는 조명

1990년 이전 박물관 조명으로 사용된 것은 백열전구였다. 당시에는 자외선 차단 필터가 없는 형광램프가 사용되었는데 복사열의 발생으로 온도 상승의 원인이 되었으며 플리커Flicker 현상이라 불리는 깜빡임은 형광램프의 자외선 방출량을 증가시켜 유물의 열화를 가속하는 치명적인 단점이 있었다. 1990년 이후는 조명에 대한 연구가 활발히 진행되면서 자연광처럼 색이 선명하게 재현되는 할로겐램프에 자외선 필터를 부착하여 사용하는 방안이 제시되었으나 발열성이 높아 또다시 대안을 찾게 되었다.

2000년에 들어서면서 기존 연구 성과를 바탕으로 박물관 및 미술관 보존 환경 조도 기준이 확립되었다. 이때 자외선과 분리된 가시광선 영역의 빛을 이용하는 LED 램프가 매우 안정적인 광원으로 등장했는데 2013년 네덜란드의 반고흐 미술관에서 황색 안료가 LED 램프에 의해 변색했다는 사례가 보고되면서 LED 광원 안정성에 대한 실험과 연구가 진행되고 있다.

◦ 사유의 방〈금동 반가사유상〉 전시 ©국립중앙박물관

국립중앙박물관은 전시품이 받는 빛의 양을 측정하고 전시 시간 동안 누적될 빛의 양을 계산하여 전시 조도 기준을 정한 뒤, 전시 기간을 정하고 있다. 서화나 직물의 경우 전시 조명을 80lux로 제한하면 1년에 3~4개월 정도 전시가 가능하다. 박물관의 서화 작품이 자주 교체되는 것은 바로 이러한 이유 때문이다.

유물의 보존도 중요하지만 효과적인 관람을 위해서라도 전시 조명의 개선은 필요하다. 이에 색온도나 연색성, 휘도 등을 이용한 전시조명 연구가 활발히 이루어지고 있다. 광원의 색을 절대 온도로 표현한 것을 '색온도'라고 한다. 푸른색일수록 색온도가 높고 붉은색일수록 낮다. 이러한 점을 이용하여 전시실의 분위기를 연출할 수 있으나 유물이 지닌 색감에 맞는 조명을 이용해야 색의 왜곡을 막을 수 있다.

'연색성'은 빛이 물체의 색감에 미치는 현상으로 광원의 종류에 따라 달라진다. '휘도'는 단위 면적당 밝기의 정도를 나타내는 데 이를 이용하여 전시물을 강조하거나 관람 동선을 유도할 수 있다. 예를 들면 조명에 피해가 적은 토기나 도자기와 같은 재질은 국부 조명 방식으로 연출하는 것이 좋다.

2021년 국립중앙박물관의 '사유의 방'에서 조명과 디지털이 만나 광원을 조절할 수 있는 '달리 시스템DALI'을 이용하여 〈금동반가사유상〉 전시가 이루어졌다. 조도를 0.1~100%까지 제어할 수 있는 시스템을 이용한 새로운 시도이다.

조선왕조실록을 지켜낸 비결

전주 한옥마을에서는 매년 이색적인 행사가 진행된다. 《조선왕조실록》 포쇄 재현 행사이다. 임진왜란 당시 실록을 유일하게 지켜냈던 전주시에서 주최하는 행사로 2013년부터 시행되었다. 포쇄는 쬘 포曝, 쬘 쇄曬로 햇빛에 말리는 행위를 말하는데 습기로 인한 훼손을 막기 위해 책을 사고에서 꺼내어 햇빛과 바

[KBS역사저널 그날]
조선왕조실록 보존 노력

람에 말리는 거풍을 행한다.

포쇄가 역사에서 가장 처음 등장한 건 고려 공민왕 때 홍건적의 침입으로 개경이 함락당하자 사고에 수장되었던 실록 사고를 포쇄하였다는 기록이다. 조선 왕실에서는 《경국대전》에 3년에 한 번 과거 식년시*에 예를 갖추어 시행하라 되어 있는데, 이는 장서 점검기록부인 《실록형지안》에 잘 나와 있다. 기록에 따르면 사관의 결원이나 흉년 등의 특수한 상황을 제외하고 대체로 잘 시행되었던 것으로 보인다. 포쇄가 끝나고 나면 책과 책 사이에 초주지(두껍고 품질 좋은 고급 종이)를 2장씩 넣어 유둔(두꺼운 기름종이)으로 싼 다음 다시 붉은 보자기로 싸서 궤 속에 넣어 봉안하는데 천궁이나 창포를 함께 넣어 충해와 부식을 방지하였다.

가장 좋은 방법은 예방

수많은 문화유산을 관리·보존하는 일은 결코 쉬운 일이 아니다. 박물관은 건축·설계 단계에서부터 보존 환경 구축에 심혈을 기울인다. 다양한 재질의 유물은 환경에 영향을 받고 훼손이 시작되면 다시 회복하기 어렵기 때문이다. 특히 지류, 목재 등 유

* 간지가 자(子)·묘(卯)·오(午)·유(酉)로 끝나는 해에 시행하는 시험이란 뜻으로 과거 시험을 3년마다 치르는 것을 이르는 말

기물인 경우 온도와 습도가 적절하게 유지되지 않으면 곰팡이나 곤충 등의 생장으로 이어진다. 이러한 피해를 방지하기 위해 박물관·미술관에서는 종합적 유해 생물 관리Integrated Pest Management, IPM를 통해 수장고 환경관리를 하고 있다. IPM은 원래 농업 분야에서 농약에 내성이 생긴 해충 피해를 방지하기 위해 생겨난 개념으로 박물관과 미술관에서도 적용된다. 소장품을 둘러싼 환경을 조사하고 해충의 유입과 개체 수 파악을 위한 트랩을 설치하여 이들의 침입 통로를 차단하고 있다. 또한 살균 및 소독 약제 처리, 실시간 온·습도 모니터링 시스템을 도입하여 선제적 예방 관리를 위해 노력하고 있다.

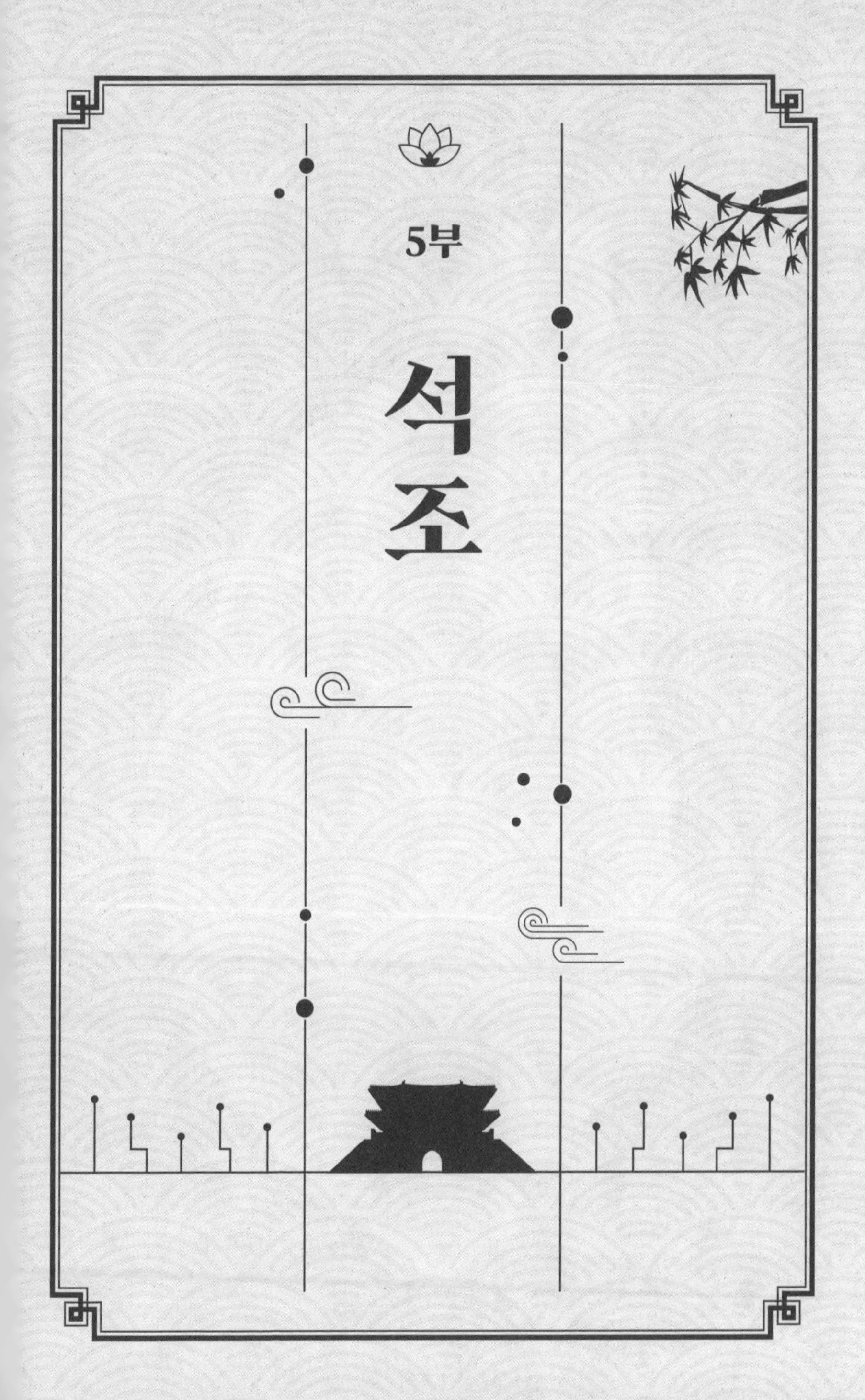

5부

석조

◦ 주먹도끼 ©국립중앙박물관

돌멩이가 쏘아 올린 공

주먹도끼와 흑요석 : 제작 원리와 성분 분석

역사의 한 페이지가 채워지는 발견

1981년 일본의 고고학자가 세계 고고학계를 뒤집는 사건을 일으킨다. 후지무라 신이치가 그 주인공인데 그가 가리키는 곳마다 대단한 유물이 쏟아져 나온 것이다. 그때까지 일본의 구석기 연대는 3만 년에 불과했는데 그가 70만 년 전 구석기를 발견하여 '신의 손'이라는 별명까지 붙었다. 그러던 2000년 11월 마이니치 신문에 한 장의 사진이 실린다. 후지무라 신이치가 땅속에 무언가를 묻고 있는 장면이었다. 이로써 그가 발견한 구석기 유물이 조작이었다는 사실이 탄로가 났다.

구석기 유적은 우리 눈에는 큰 의미 없어 보이는 '돌멩이'만

나오는 것 같지만 인류가 아프리카에서 세계 각지로 뻗어 나아가 정착하는 과정을 고스란히 보여주는 곳이다.

아직 우리에겐 채워지지 못한 역사의 빈 페이지가 많다. 새로운 유적과 유물의 발굴은 역사를 채우기도 하고 기존의 역사를 다시 쓰게도 한다.

돌멩이가 지닌 엄청난 의미

선사시대는 기록이 없기 때문에 고고학적 발굴을 통해 역사적 실체를 규명한다. 석기시대를 미개한 원시시대라고 생각하기 쉽지만, 석기시대 사람들은 돌 전문 감별사였다. 단단한 화강암이나 섬록암으로 돌도끼를, 점판암으로 칼이나 낫처럼 날을 날카롭게 세워야 하는 갈돌을 만들었다. 그들은 돌의 특성을 구별할 수 있었고 자연 그대로 사용하지 않고 목적에 따라 도구를 만들었다.

구석기시대를 대표하는 돌멩이에 '주먹도끼'와 '흑요석'이 있다. 주먹도끼가 전기 구석기를 이끌었다면 흑요석은 후기 구석기에 등장하여 신석기라는 시대를 열었다.

1940년대 미국의 저명한 고고학자 모비우스는 프랑스 생트 아슐지방에서 발견된 '아슐리안Acheulian 도끼'를 기준으로 세계를 두 문화권으로 나누었다. 인도를 경계로 서양은 주먹도끼 문화권, 동양은 찍개 문화권으로 나눈 것이다.

주먹도끼는 돌의 박리 과정과 순서를 예측하면서, 즉 머릿속에 설계도를 가지고 작업을 시작해야 한다. 주먹도끼를 최초의 예술품이라 하는 이유다. 그런데 유럽, 아프리카, 중동을 위시한 서양이 문화적·인종적으로 우월하다는 '모비우스 학설'을 폐기하게 만든 유물이 대한민국에서 나왔다.

고고학을 전공하고 경기도 연천 전곡리에서 주한 미 공군 하사관으로 근무하던 그렉 보웬이 1978년 한국인 여자 친구와 한탄강을 산책하던 중 우연히 〈주먹도끼〉를 발견한 것이다. 이로써 한국은 물론 동아시아에 아슐리안 도끼 문화의 존재가 드러나며 세계 고고학의 역사를 다시 쓰게 했다.

석기시대의 신소재라고 해도 과언이 아닌 흑요석은 화산 활동에 의해 만들어지는 유리질 암석을 말한다. 날카로운 단면을 지니는 이 신비한 돌은 화살촉, 칼, 거울 등 다양하게 제작되었다. 이 돌이 화산 지역이 아닌 먼 곳에서도 발견되었다는 것은 육지나 바다를 통해 먼 거리까지 교역이 이루어졌다는 걸 의미한다. 흑요석은 석기시대의 문화 전파와 이동 경로, 지역 간의 교류 관계까지 파악할 수 있는 매우 중요한 자료이다.

흑요석은 화산암의 한 종류인 유문암으로, 어느 화산에서 만들어졌느냐에 따라 구성 성분이 달라 출처를 알아낼 수 있다. 한반도 동북쪽 백두산 주변 출토 흑요석을 중심으로 총 38개 유적지에서 출토된 흑요석 204점을 레이저 삭마-유도결합 플라스마 질량분석기LA-ICP-MS*로 분석한 결과 지금까지 알려진 백두산 흑요석 3종류PNK1, PNK2, PNK3 이외에 새로운 종류를 찾아내어 백두산의 마그마가 매우 다양한 형태였음을 밝혀냈다. 구석기시대에 가장 많이 사용된 흑요석기는 PNK1이 가장 많고 분포 범위도 다양하다. 백두산 흑요석이 한반도 중부, 남부 지역까지 확인되었고, 남해와 인접한 유적들은 일본산 흑요석기가 대부분으로 조사되었다. 일본 흑요석기는 한반도 동남부인 부산, 울산, 통영, 여수 등에서 출토되었다.

이러한 연구 결과로 선사시대 한반도 내에서의 백두산 흑요석 유통이 후기 구석기부터 신석기까지 이어졌으며, 백두산 주변인 회령, 청진 등이 흑요석 공급 거점이고 이 지역의 흑요석이 동해안을 따라 강원도를 거쳐 한반도 남부로 확산했다는 것을 확인할 수 있었다.

전기 구석기시대는 주먹도끼나 찍개 같은 크고 무거운 돌을 쓰던 시대였다. 빙하기가 끝나고 시작된 후기 구석기시대의 흑요석은 날쌘 동물들을 잡기 위해 돌날**, 찌르개*** 등의 작고

---

* 시료 표면 훼손 없이 분석할수 있다는 것이 가장 큰 장점으로 번거로운 전 처리 과정 없이 시료에 조사하면 레이저 열에 의해 기화 상태가 되어 질량 분석기에 주입되면 성분이 분석되는 원리이다. 극미량 원소들을 동시에 신속하게 분석할 수 있다. 지구화학적 데이터를 이용하여 산지별로 분류하고 표본 사이의 원소 농도 비율이 일정하면 같은 종류라고 판별한다.

** 돌날떼기로 돌에서 떼어 낸 길이가 너비보다 2:1이상인 석기

*** 끝을 뾰족하게 만든 석기, 창과 화살촉 따위가 이에 속한다.

◦ 찌르개 ©국립중앙박물관

◦ 흑요석 ©국립중앙박물관

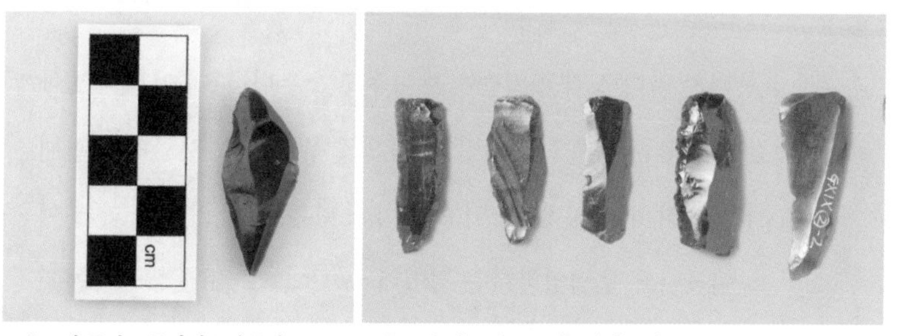

◦ 흑요석 돌날 ©국립대구박물관

◦ 흑요석 찌르개 ©국립중앙박물관

날렵한 석기들을 제작하게 되는 과정에서 탄생한 신소재였다. 유리와 비슷한 강도인데다 예리하고 정밀한 날을 만들 수 있는 그 신소재를 위해 그들은 길을 떠나는 것을 마다하지 않았다. 새로운 문화가 그들에 의해 시작되었다.

호모 사피엔스, 슬기로운 사람

《사피엔스》에서 유발 하라리는 "우리가 마주하고 있는 진정한 질문은 우리는 어떤 존재가 되고 싶은가?가 아니라 우리는 무엇을 원하고 싶은가? 일 것이다."라는 내용으로 책을 마무리한다. 호모 사피엔스가 의사소통과 협업을 통해 네안데르탈인을 멸종시키고 유일한 호모 종으로 살아남았다며 인지 혁명, 농업 혁명, 과학 혁명을 통해 인류의 역사를 톺아보고 있다. 인간은 지구의 주인이 되었지만 동시에 생태계 파괴자가 되었고, 오늘날 인간은 신이 되려 한다고 말한다.

> "우리가 어디로 가고 있는지는 아무도 모른다. 과거 어느 때보다 강력한 힘을 떨치고 있지만 이 힘으로 무엇을 할 것인가에 관해서는 생각이 거의 없다. 이보다 더욱 나쁜 것은 인류가 과거 어느 때보다도 무책임하다는 점이다. (…) 스스로 무엇을 원하는지도 모르는 채 불만스러워하며 무책임한 신들, 이보다 더 위험한

존재가 또 있을까?”

작가는 인류의 시작으로부터 시작해서 AI, 유전공학 등으로 변화할 미래의 모습을 짚으면서 현재 우리가 나아가야 할 방향에 관해 묻고 있다. 슬기로운 인간이라서 살아남은 호모 사피엔스인 우리는 어떤 답을 내놓을 수 있을까?

구석기시대의 신소재였던 흑요석을 변화하는 자연환경에 적응하고 새로운 시대의 문을 열었던 인류처럼 지금 우리에게 주어진 새로운 도구를 슬기롭게 잘 이용한다면 앞으로의 장래가 어둡지만은 않을 것이다.

◦ 〈미륵사지 석탑〉©한국저작권위원회

우리나라에서 가장 큰 석탑의 돌은 어디서 왔나요?

미륵사지 석탑 : 채석 산지 분석

삼국유사 vs 사리봉영기

익산 〈미륵사지 석탑〉은 우리나라에서 현존하는 가장 규모가 크고 오래된 석탑이다. 목탑에서 석탑으로 넘어가던 시기를 대표하는 탑으로 역사적·학술적 가치가 크다. 2009년 국립문화재연구소(현 국립문화연구원)이 〈미륵사지 석탑〉을 복원하는 과정에서 탑신을 해체하여 심주석을 들어 올리는 순간, 백제 역사를 바꾸어놓은 '사리장엄구'가 발견되었다. 발굴 책임자는 심상치 않은 유물의 등장에 연구소 내의 고고실, 미술실, 보존실 전문가 29명을 불러 모았다. 심주석은 테두리에 석회를 바른 채 밀봉되어 1,300년이 넘도록 빛을 보지 못한 상황이었다. 유물을 어떤

◦ 〈미륵사지〉의 야경. 동탑의 모습도 보인다. ©문화재청

순서대로 꺼내야 하는지부터가 난관이었다. 유물은 외부 공기와의 노출을 최대한 피하고 보존처리실로 옮기는 것이 급선무지만, 다른 한편으로는 봉안 순서 자체가 학술자료이기 때문에 그 어느 쪽도 포기할 수 없는 상황이었다. 결국 이틀에 걸쳐 밤낮을 가리지 않고 수습이 이루어졌다.

〈익산 미륵사지 서탑 출토 사리장엄구〉에서 창건 연대와 창건 주를 기록한 〈금제 사리 봉영기〉와 〈금제 사리 항아리〉 등 유물 500점이 발굴되었다. 그중 "우리 백제 황후는 좌평 사택적덕의 딸로 재물을 희사해 가람을 세우고 기해년(639년) 정월 29일 사리를 받들어 맞이했다."라고 쓰인 〈금제 사리 봉영기〉의 내용은 백제 무왕 40년인 639년 왕후의 발원으로 건립되었다는《삼

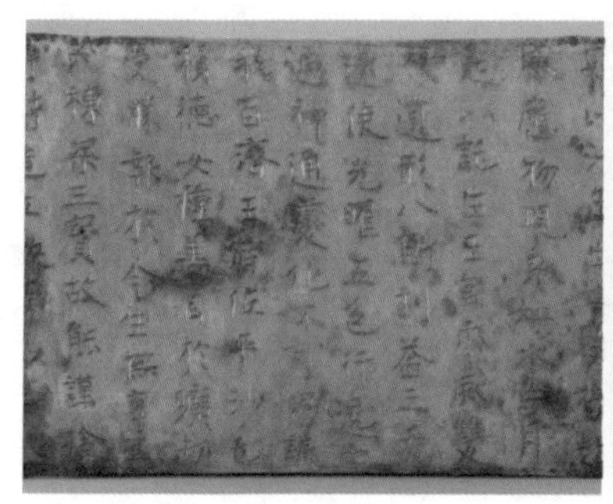
◦ 〈금제 사리 봉영기〉©문화재청

◦ 〈금제 사리 봉영기〉와 〈금제 사리 항아리〉 ©문화재청

국유사》의 기록과는 전면으로 배치되는 내용이었다. 우리가 지금껏 알고 있던 백제 서동 왕자 무왕은 향가 '서동요'를 통해 진평왕의 딸 선화공주와 결혼했으며 '미륵사'를 건립했다는 이야기는 그저 신화였던 걸까?

사료는 과거를 연구하는 데 사용되는 역사적 자료로서 직접 사료와 간접 사료로 구분된다. '직접 사료'는 당대인의 기록이고 '간접 사료'는 시간이 흐른 뒤 후대에서 기록한 것이다. 〈미륵사지 서탑〉에서 나온 〈금제 사리 봉영기〉가 석탑을 세울 때 만들어진 직접 사료라면 고려 후기 일연의 《삼국유사》는 간접 사료이다. 하지만 남아있는 과거의 일부 기록만으로 무왕의 부인이 사택적덕의 딸인지 선화공주인지를 판단할 수는 없다. 더

[국립익산박물관]
미륵사지석탑 사리장엄구 영상

많은 사료와 연구가 뒷받침되어야 유추해볼 수 있는 사안이다.

복원의 원칙을 세우다

7세기 백제 무왕 때 창건된 것으로 알려진 '미륵사'는 창건 이후 다양한 변화를 거치다 16세기 후반에 폐사지 된 것으로 발굴 조사를 통해 확인되었다. '미륵사'는 세 개의 탑을 갖춘 3탑 3금당으로 추정한다. 중앙의 목탑을 중심으로 좌우에 동·서 석탑이 있는 구조인데, 보통 백제의 사찰이 1탑 1금당인 것과는 다른 독특한 형식이다. 1915년 조선총독부 박물관 문서에 따르면 무너지고 쓰러진 석탑 및 주변 석제를 정비하고 벌어진 틈을 시멘트 모르타르로 보강했다는 기록이 남아있다. 우리가 기억하는 〈미륵사지 석탑〉의 수리하기 전 모습이 이때의 보존 공사를 통해 이루어진 것이다.

〈미륵사지〉는 20세기 초, 논밭 사이에 괘불을 걸어두던 당간지주와 다 무너져가는 석탑이 위태롭게 서 있었다. 심지어 무너진 건물지에서 나온 석재들을 인근 주민들이 옮기거나 사용하는 일도 빈번했다. 1955년 익산중학교 소병돈 교장의 신고로 문화유산으로 관리가 시작됐다. 1970년대 일부 조사가 이루어졌으나 정식 발굴 조사는 1980년에서 1994년까지 진행되었다. 2001년 해체·보수작업에 착수, 2017년 석재 조립이 완료되고

◦ 〈미륵사지〉 당간지주와 석탑 (일제강점기) ©국립중앙박물관

◦ 〈미륵사지 석탑〉 (일제강점기) ©국립중앙박물관

◦ 1917년 콘크리트로 보강한 〈미륵사지 석탑〉 © 국립중앙박물관

◦ 〈미륵사지 석탑〉의 해체 전 모습 (2001) ©국립중앙박물관

2018년 6월에 드디어 〈미륵사지 석탑〉은 일반에 공개되었다.

과거 〈미륵사지 석탑〉은 높이 14.2m, 폭 12.5m로 6층까지만 남아 있었는데, 1999년 콘크리트의 노후화와 구조적 불안정이 우려되어 문화재위원회 심의를 거쳐 해체 수리가 결정되었다. 이때 〈미륵사지 석탑〉의 해체 작업과 조사·연구를 함께 진행하면서 수리하기로 방향을 정하였다. 우선 콘크리트를 제거하고 골조를 구성하는 부재의 순서, 방법 등을 꼼꼼히 기록했다. 3차원 스캐닝도 실시하였다. 전문가 회의, 국내외의 심포지엄을 통해 수리 범위를 6층까지로 정하고 기단의 유실된 부분은 보강하기로 원칙을 정하였다. 7층 이상의 원형을 증명하는 자료가 남아있지 않아 현존하는 6층까지 수리하여 진정성을 확보하기로 한 것이다. 훼손된 부재는 과학적 보존 처리를 통해 재사용하고 원래의 기법과 재료를 최대한 보존하여 복원하기로 했다.

단단함을 무너뜨리는 작지만 큰 요인

석조는 재료를 쉽게 구할 수 있어 석탑, 부도, 건축물, 예술품의 재료로 많이 사용되어왔다. 우리나라는 질 좋은 화강암이 많아서 국가 지정 문화재 중 25% 정도가 석조 문화재이다. 재질 특성상 다른 재료에 비해 자연 훼손은 느리게 진행된다. 하지만 속도가 더딜 뿐 훼손이 일어나지 않는다는 의미는 아니다. 또한 야외 노출이 많아 보존 관리의 사각지대에 놓이는 것이 현실이다.

석조 문화재는 여러 요인이 복합적으로 어우러져 손상이 진행되는데 물리적인 요인으로는 기온 변화에 의한 팽창과 수축을 들 수 있다. 영하로 온도가 떨어지는 겨울에는 틈 사이에 들어간 물이 얼어붙어 파손되기도 하고, 대기오염과 산성비에 피해를 보기도 한다. 생물학적 피해도 심각하다. 주변 나무나 미생물에 의한 지의류 등은 미관상 문제뿐만 아니라 구조적 변화를 일으킬 수 있으므로 석조 문화재 주변 환경 관리가 필수이다.

이 거대한 탑을 만든 돌은 어디에서 왔을까?

〈미륵사지 석탑〉은 약 2,278개의 석재를 쌓아 올려 만들어졌는데, 복원에 쓰인 석재는 그중 981개였다. 그마저도 원 부재를 최대한 활용하기 위해 상태 점검을 통해 찾은 부재였다. 구조적 변형이 있어 사용할 수 없는 부분은 신 석재로 대체하여 복원하기로 했다. 기존 부재와 신 석재와의 연결은 유럽에서도 문화유산 복원에 이용되는 티타늄을 사용했다. 그런 다음 접합과 마감 가공, 색 맞춤을 한 후 마지막에 강화 발수 처리를 했다. 이는 풍화에 의해 광물의 결합력이 약화되어서 미세 균열이 발생하고 박리·박락이 쉬이 진행되는 것을 방지하기 위함이다.

재활용이 불가능한 부재를 신 석재로 대체하기 위해 〈미륵사지 석탑〉에 쓰인 석재의 채석 산지 조사가 진행되었다. 채석 산지 조사는 석재의 암석 및 광물학적 특징을 편광 현미경으로 관찰하여 종류를 조사하고 '전암대자율'을 측정하는 방법*이다. 암석과 광물에는 미세한 자성의 강도가 있는데 불투명한 광물의 함량에 따라 그 세기가 다르다. 이를 통해 주변 암석의 분포를 조사·비교하는데 기준보다 높으면 자철석 계열로, 낮으면 티탄철석 계열로 구분하여 원산지를 추정한다. 〈미륵사지 석탑〉은 자철석 계열로 조사되었다.

석탑 주변 미륵산 현장에서 채석 흔적을 확인하고 주변을 중심으로 석재 편을 수습하여 분석한 결과, 미륵산이 채석 산지임을 알 수 있었다. 하지만 문화재 보호 구역으로 지정된 미륵산에서는 채석이 불가능하여 인근 익산 황등리의 화강암인 황등석을 사용하여 복원하였다.

미완성이 이룬 완성

〈미륵사지 석탑〉은 20년 동안의 조사와 연구, 수리가 진행된

* 자성이 강한 광물인 자철석의 함량을 비교하여 원산지를 해석하는 가장 일반적인 암석 분석법이다. 전암대자율은 외부 자기장에 대한 암석의 자화강도(자성을 지닌 물질이 자기장 내에 놓이면 자성을 띠게 되는 강도)를 말한다.

사례로 전통 기법과 과학 기술을 두루 이용하여 복원이 진행되었다. 문화재 복원 역사에 기념적인 일로 태국, 캄보디아, 미얀마에서도 보수·정비 기술과 노하우를 알기 위해 방문하기도 했다. 하지만 보수·정비에 대해 좋은 평가만 있었던 것은 아니다. 공개를 앞두고 감사원이 "〈미륵사지 석탑〉의 재료와 공법이 원형과 다르게 복원되었다."라는 문제를 제기하기도 했다. 본래 실리카퓸을 배합 충전재로 사용하기로 했으나 시멘트와 유사하다는 우려로 사용범위를 축소하고 황토 배합 충전재를 사용했고, 신 부재를 사용하기로 한 부분에 옛 부재를 사용하여 구조적 안정성과 일관성을 잃었다는 의견이었다.

문화재청은 이러한 문제 제기에 대해 "20년간 진행된 문화유산의 해체·복원은 일반적인 공사의 잣대로 판단할 수 없다."는 조심스러운 입장을 밝히며, 실리카퓸 충진재는 실리콘 제조시 나오는 초미립자의 규소 부산물로 초고강도 콘크리트 제조에 사용되는데 이보다는 천연 재료인 '황토'를 배합한 충전재가 문화유산 복원에 더 어울리는 재료라고 판단했다고 설명했다. 또한 부재 사용에 관한 문제는 2016년, 신 석재로 교체되는 부분이 많아 기존의 부재를 최대한 살려 역사적 가치와 보존의 진정성을 추구하자는 의견이 제시되면서 전문가 자문과 문화재위원회의 검토를 거쳐 변경했다며 구조 안전 점검을 통해 꾸준히 관리하겠다고 밝혔다.

〈미륵사지 석탑〉의 복원은 어찌 보면 '미완성'이다. 창건 당

∘ 아무런 고증없이 복원된 동탑과 20년 만에 복원된 〈미륵사지 석탑〉. 30년의 시차가 문화재 복원의 역사를 보여준다. ⓒ문화재청

시의 모습을 알려주는 기록이 남아있지 않기 때문에 온전히 복원할 수도 없다. 그럼에도 1991년에 시작하여 1993년에 복원된 〈미륵사지 동탑〉은 남아 있는 서탑을 모델로 하여 아무런 고증 없이 화강암을 기계로 깎아 만들었다. 이를 두고 《나의 문화유산 답사기》의 저자인 유홍준 교수는 "다이너마이트로 폭파해버리면 좋겠다는 사람이 있을 정도라고" 이야기한다. 학계에서 얼마나 동탑의 복원에 대한 반성과 후회를 하고 있는지 알 수 있다. 초기에는 동탑처럼 서탑도 9층으로 쌓아야 한다는 의견이 있었으나 추론에 의한 복원은 지양하고 실제로 남아 있는 6층

까지만 복원하기로 한 것이다.

30년의 시차를 두고 나란히 서 있는 서탑과 동탑의 비대칭적인 모습은 한국 문화재 복원 역사와 가치관의 변화를 온전히 설명하고 있다. 향후 정확한 근거 자료가 발견되면 그때 복원해도 늦지 않다.

20년간의 〈미륵사지 석탑〉 복원을 위한 노력의 전 과정은 사진과 3D 스캔 등으로 남겨 향후 보존 관리에 활용될 수 있도록 하였다. 석탑 원형에 대한 진정성 있는 보수와 복원이 계속된다면 639년 백제 무왕이 미륵신앙의 힘으로 강력한 백제를 꿈꾸었던 그때의 '미륵사'가 언젠가는 드러날 것이다.

◦ 〈삼전도비〉©한국학중앙연구원, 김연삼

치욕의 역사, 지워버리고 싶었나?

삼전도비 : 보존 처리

누구의 공덕을 기리는가?

서울 송파구 석촌 호수 근처에는 〈삼전도비〉라고 이름 붙은 비석이 자리하고 있다. 정식 이름은 〈대청황제공덕비〉이다. 해마다 봄이 되면 석촌 호수에는 만개하는 벚꽃을 보러 많은 인파가 모이지만 이 비석을 아는 이들은 그리 많지 않다.

〈삼전도비〉를 알기 위해서는 임진왜란까지 시간을 거슬러 가야 한다. 임진왜란은 1592년부터 1598년 조선에 침입한 일본과의 전쟁으로 전 국토가 불타고 백성은 쓰러져나갔다. 이 전쟁에서 조선과 명은 승리했지만 결과적으로 명은 국력이 쇠락해졌고 이 틈을 타 여진족이 후금을 건국하며 동아시아 3국에 큰 영향을 미쳤다. 이때 명과 후금 사이에서 실리 외교를 추진하던 광해군이 제거되는 '인조반정'(1623)이 일어나고 이를 명분으로 삼아 후금이 조선을 침입하게 되는데 이를 '정묘호란'(1627, 인조 5년)이라 한다. 정묘호란으로 조선과 후금은 '형제의 맹약'을 맺는다. 이후 더욱 강성해진 후금은 청나라를 세워 조선에 '군신 관계'를 요구한다.

당시 조정은 급부상하고 있는 청나라와 좋은 관계를 맺자는 주화파와 명나라를 배신할 수 없다는 척화파가 팽팽히 대립했다. 이때 인조가 척화파의 손을 들어주면서 청나라와의 전쟁을 준비하는데 이것이 '병자호란'(1636)의 시작이다.

청나라는 5일 만에 한양으로 진격해온다. 본래 전쟁이 나면 강화도로 피신하지만, 순식간에 턱 밑까지 올라온 청나라를 피해 인조는 〈남한산성〉에 들어가고 47일간의 항전을 시작한다.

청 태종 홍타이지가 30만 대군을 이끌고 조선으로 진격하자 결국 인조는 1637년 1월 30일 항복을 선언한다. 정문인 남문이 아닌 서문으로 곤룡포를 벗고 맨발로 걸어 나와 이마가 땅에 닿도록 머리를 조아리며 세 번 절하는 '삼배구고두례三拜九叩頭禮'를 삼전도에서 하였다. '삼전도'*는 세종 때 만들어진 한강 상류에 있던 나루터로 당시에는 서울과 경기도 여주, 이천을 연결하는

* 현재 서울 송파구 삼전동 및 석촌동 부근. 나루터였던 그곳은 개천을 매워 지금은 섬이 아니다.

교통의 요지였다. 또한 한양에서 군사 요충지인 남한산성까지 가는 가장 빠른 길이기도 하다.

더 나아가 청 태종은 승리의 역사를 기록한 비석을 세우라고 명한다. 보통 전승비는 승자 쪽에서 승리와 공덕을 기록하여 세우기 마련인데 청 태종은 청에 대한 공덕을 조선에서 직접 칭송하게끔 하였다.

높이 395㎝ 너비 140㎝의 거대한 비석 옆에는 또 다른 '귀부'*가 남아있다. 원래 만들었던 것보다 더 크게 세우라는 청나라 측 요구로 폐기된 귀부가 아닐까 추측된다. 이를 보면 청나라가 얼마나 이 비석에 집착했는지를 알 수 있다. 비문을 짓는 과정에 조선의 문장가 네 명이 물망에 올랐는데 결국 예문관 부제학이었던 이경석이 이를 지었다. 짓고 나서 그는 "글을 배우지 않았더라면 오늘의 이 한은 없었을 것을, 세워진 비석만큼이나 가파른 벼랑을 등에 지고 사는 것만 같습니다."라는 말을 남겼다. 비문을 새긴 오윤은 자기 손을 돌로 찍었다고 한다.

감추고 감추려던 부끄러운 역사

1895년 청일전쟁에서 청나라가 패하자, 고종은 〈삼전도비〉

* 비석을 받치는 받침돌로 거북이 모양이다.

를 한강에 버리게 하였다. 이렇게 치욕스러운 역사는 뒤안길로 사라지는가 했으나 1919년 일본이 〈삼전도비〉를 다시 세워 대한제국의 정신을 파괴하고자 하였다. 해방 이후 1956년 문교부*에 의해 〈삼전도비〉는 다시 땅에 묻혔다. 아이러니하게도 6년 뒤에 큰 홍수로 또다시 세상에 드러났다. 감추고 감추려던 부끄러운 역사를 잊고 싶은 우리에게 자신을 증명하듯 〈삼전도비〉는 사라지지 않고 계속해서 나타났다.

그러던 중 2007년 붉은색 스프레이로 비석에 '철거 병자 370 X'라고 칠하는 사건이 발생했다. 비석을 훼손한 범인은 "현재 우리나라의 위정자들이 잘못된 정치로 병자호란과 식민 시절 외세의 침략을 받아 무고한 백성이 고통받는 일이 다시 생길 수 있다는 생각에서 정치인의 각성을 촉구하기 위해 칠을 했다."고 진술했다.

이 사건으로 〈삼전도비〉는 긴급 보존 처리하게 되었다. 돌로 제작된 비석은 야외에 있어서 지속적인 손상이 발생한다. 하지만 사람에 의한 인위적인 훼손은 풍화와 같은 자연적인 이유보다 손상의 정도가 심하다. 처리 전 〈삼전도비〉의 표면을 관찰하니 글자가 새겨진 부분에 스프레이 색이 깊숙이 침투되어 있고 낙서 외에도 비석 전체에 분진들이 미세하게 묻어있었다. '귀부'의 왼쪽 눈 부분에도 '一' 자로 낙서가 되어 있었다.

---

* 과거 문화·예술·체육·교육을 담당하던 행정부서

보존 처리보다 중요한 것

보존 처리에 앞서 '예비 실험'이라는 과정을 거친다. 단 하나뿐인 문화재가 잘못된 처리로 사라지게 되거나 이전보다 나쁜 상태가 되는 것을 막기 위한 조치이다. 예비 실험은 사전 조사를 통해 재질을 분석하고 상태를 파악해서 동일한 조건에서 실험한다. 보존 처리 과정에서 발생할 수 있는 문제를 먼저 파악하고 가장 적합한 처리를 하기 위한 목적이다.

〈삼전도비〉 또한 본격적인 보존 처리에 앞서 암석의 미세조직 관찰을 통해 광물의 조직이나 색깔, 크기 등을 조사했다. 그 결과 비문을 새긴 비석의 몸체 '비신'과 비석의 머릿돌 '이수'는 대리석, '귀부'는 화강암으로 제작된 것으로 판명되었다.

암석의 강도와 물성을 파악하는 방법 중 비파괴 진단의 대표적인 방법으로 '초음파 탐사법'이 있다. 여러 광물이 모여서 만들어진 암석이라도 광물의 조성이 같으면 초음파의 속도가 동일하고, 미세한 균열이나 풍화된 정도가 다르면 초음파의 속도도 달라지는 원리를 이용한 방법이다. 이를 통해 풍화 정도를 추정할 수 있으며 암석의 강도도 산출할 수 있다. 〈삼전도비〉를 측정한 결과 전체적으로 '약한 풍화 단계'였다. 하지만 부분적으로 균열되고 조각이 뜯기고 깎여 떨어지는 박리·박락의 지점이 있어 최종으로는 '보통 풍화 단계'*로 평가하였다. 이러한 상태 점검은 보존 처리 과정에서 야기될 수 있는 새로운 훼손을 막고 문화재 상태에 맞는 적절한 처리를 할 수 있게 해준다.

긴급 보존 처리하게 된 가장 큰 요인이었던 빨간 페인트를 제거하기 위해 오염물이 어떤 성분으로 되어 있는지를 조사하는 것 또한 중요했다. 이를 알아내기 위해 화강암으로 제작된 귀부의 눈 옆에 묻은 페인트를 유기용제인 아세톤으로 일정량 채취하여 이것을 '푸리에 변환 적외선 분광계'**와 주사 전자 현미경으로 성분을 확인했다. 분석 결과 일반 시판용 스프레이식 붉은색 락카 페인트와 동일하다는 것을 확인했다.

일반 대리석으로 일정한 크기의 시편을 만들고 풍화된 〈삼전도비〉와 비슷한 상태를 만들기 위해 샌드블라스터로 표면을 거칠게 연마했다. 그런 다음 시판용 붉은색 락카로 3회 분사하여 피해를 입은 〈삼전도비〉와 유사하게 만들었다.

오염물을 제거하기 위해 석조 문화재 세척에 주로 쓰이는 방법으로 예비 실험을 했다. 석조물 세척에는 레이저, 아이스블라스터, 페인트 제거제, 유기용제를 혼합한 습포법 등이 쓰인

---

* 풍화 정도에 따라 6등급으로 구분된다. 신선한 상태, 약간 풍화된 상태, 보통 풍화된 상태, 심하게 풍화된 상태, 완전 풍화 상태, 잔류 풍화토.

** 지류, 섬유, 고분자물질 등에 적용되는 비파괴 분석법으로 분자 진동에 의한 특성 적외선 스펙트럼을 푸리에 변환 기법으로 분해하여 분석하는 적외선 분광법이다. 물질의 지문이라고 할 수 있는 적외선 스펙트럼을 통해 화합물의 동정, 화학 구조, 결정 구조 등의 측정이 가능하고 정량도도 높은 편이다.

다. 〈삼전도비〉는 유기용제를 혼합한 습포법을 적용했다. 유기용제를 녹인 점토 팩을 비석에 여러 차례 발라 페인트를 녹여 제거하는 방법이다. 페인트는 고착되면 제거하기가 힘들기 때문에 발생한 즉시 적절한 보존 처리가 이루어져야 하는데 〈삼전도비〉는 긴급히 보존 처리가 진행되어 오염물을 빠르게 제거할 수 있었다.

부끄럽지만 잊지 말아야 할 역사

〈삼전도비〉는 우리 역사에서는 치욕적인 문화재이지만 비석 왼쪽에는 몽골 글자, 오른쪽에는 만주 글자, 뒷면에는 한자가 적혀 있어 사라진 17세기 만주어를 연구하는 데 중요한 자료가 되기도 한다. 당시의 역사적 사실과 상황을 오롯이 담고 있는 비석을 통해 굴욕의 역사는 잊어버리는 것이 아니라 기억하고 되새겨 다시는 그러한 일이 일어나지 않도록 하는 시금석으로 삼아야 할 것이다.

◦ 〈삼전도비〉에는 사라진 만주어가 새겨져 있는 중요한 연구자료다. ⓒ한국학중앙연구원,김연삼

◦ 〈첨성대〉©한국저작권위원회

지진도 버틴 첨성대

첨성대 : 훼손 진단과 보존 관리

자연의 시간을 담은 첨성대

선덕여왕 재위 632~647년 사이에 조성된 이후 현재까지 원형을 그대로 유지하고 있는 경주 〈첨성대〉는 세계에서 가장 오래된 석조물로 평가된다. 사실 〈첨성대〉는 별을 관측하던 '천문대'라는 주장뿐만 아니라 하늘에 제사를 지내던 '제단', 선덕여왕의 정치적 힘을 보여주기 위한 상징물이라는 등 논쟁이 여전하다.

〈첨성대〉는 크게 기단부, 원통부, 정상부로 구성되어 있다. 기단부는 '기단 지대석'과 '기단'으로 나뉘는데 기단 지대석은 땅속에 한 단이 숨겨져 있어 총 2단이다. 즉 〈첨성대〉는 기단부 2단과 원통부 27단, 정상부 2단으로 총 31단으로 이루어져 있

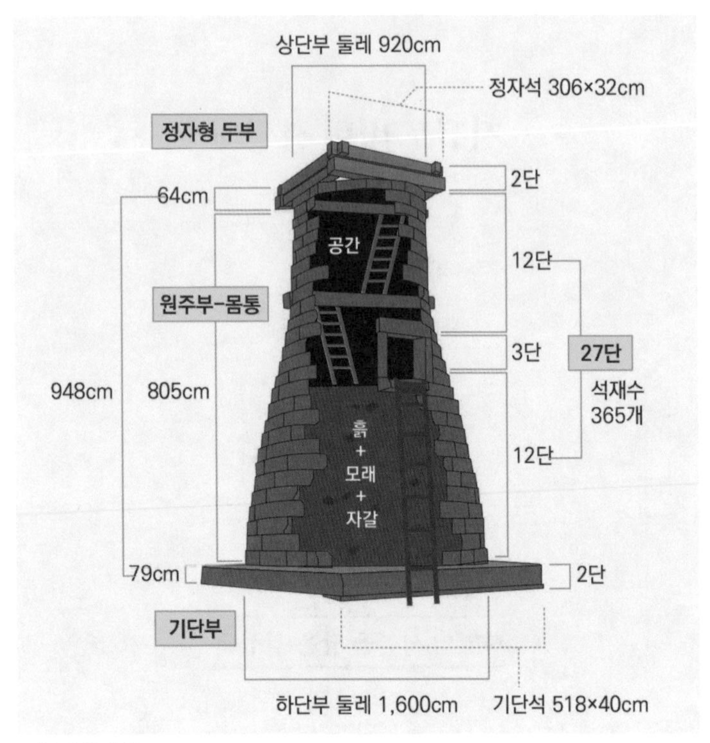

◦ 〈첨성대〉의 구조

다. 이 구조 속에 숨겨진 수학적 해석이 흥미롭다. 원통부 27단은 달의 공전 주기와 첨성대를 세운 27대 선덕여왕을 상징하고, 개구부 3단을 제외한 상부의 12단은 열두 달을, 하부 12단까지 포함하면 24절기를, 첨성대의 모든 단을 합한 31단은 양력으로 한 달을, 원통부를 구성하는 돌의 개수는 약 365개로 이는 1년을 의미한다는 것이다.

과학적 원리 속의 아름다움

〈첨성대〉는 어떻게 쌓아 올렸을까? 현대에는 높은 건축물을 쌓기 위해 임시 가설물 '비계'를 설치하는데 당시에는 흙이 비계 역할을 했을 것이라 추정하고 있다. 지반을 다져 기단부를 설치하고 흙을 쌓아 경사를 완만하게 만들어가면서 각 단을 쌓아 올리고 꼭대기에 우물 정#자 모양으로 정자석을 놓은 다음 내려오면서는 내부의 흙을 제거하며 마무리했다고 보는 것이다.

〈첨성대〉에 사용된 석재 가공 기술은 대단히 정교한 수준이다. 원통부의 석재들은 원주율에 맞게 제작되었으며 하층은 안정감 있게 넓게 쌓고 상층으로 갈수록 조금씩 들여쌓는 들여쌓기 방법과 외측에 위치하는 석재의 모서리를 부드럽게 마감 처리하는 방법으로 〈첨성대〉는 전체적으로 S자형 곡선을 갖게 되었다. 그런데 여기에도 과학적인 원리가 숨어있다. 원형의 구조물은 360도 대칭으로 가장 안정적인 형태이며 내부에 채워진 흙과 잡석 등이 무게 중심 역할을 한다. 내부의 거칠게 다듬어진 형태는 마찰력을 증가시켜 강한 구조를 가질 수 있게 하고, 비녀처럼 첨성대를 관통하는 석재인 '비녀석'은 적절히 배치되어 지진 시 좌우의 흔들림을 억제해준다. 가장 윗부분의 '정자석'은 한옥에 쓰이는 건축기법인 반턱맞춤 결구식 방법으로 네 모서리 교차점에서 두 부재를 서로 높이의 반만큼만 제거하고 맞추어 제작되었기 때문에 뛰어난 내진성을 지닐 수 있었다. 이러한 과학적 원리에 맞춰 구현된 〈첨성대〉는 1,300년이 흘러도 여전히 그 모습을 간직하고 있었던 것이다.

지진에도 버티게 하는 힘

2016년 9월 경주에서 역대 최대 규모였던 5.8 지진이 일어났다. 이어 2017년 포항에서 규모 5.4 지진, 3개월 후에는 규모 4.6의 여진이 발생하는 등 큰 피해가 있었다. 일본, 중국 등 주변 나라에 비해 우리나라는 지진에 비교적 안전한 나라로 알려졌지만 《삼국사기》, 《고려사》, 《조선왕조실록》 등의 역사서에 따르면 기원전 2년부터 1904년까지 약 2,100회의 지진이 있었다고 한다. 한반도는 유라시아 판 내부에 있어 일본 등 판 경계부에 위치한 나라에 비해 상대적으로 지진 발생 빈도가 낮고 그 규모도 작지만, 주변에서 발생한 지진으로 인해 영향을 받을 가능성이 높다.

1905년 인천에서 지진계를 이용한 관측이 시작된 이후, 우리나라는 연평균 42회 지진이 관측되고 있다. 충남 서산과 경북 포항을 잇는 100㎞ 지역에 집중되어 있고 관측 이후 5.0 이상의 지진은 총 10회로 확인되었다. 2016~2017년 경주와 포항에서 큰 규모의 지진이 발생한 것처럼 대한민국은 더 이상 지진의 안전지대가 아니다.

물론 그 이전에도 지진에 대한 피해를 우려하여 2009년과 2011년에 국립문화재연구소와 한국과학기술원KAIST에서 〈첨성대〉에 대한 지반 조사와 지진 시뮬레이션 실험 등이 진행되었다. 〈첨성대〉와 비슷한 물성을 지닌 익산 황등면에서 채굴한 황등석을 실제 크기의 1/15 모형으로 제작해서 진동대를 이용한 실험을 한 것이다. 그 결과 정자석이 〈첨성대〉의 내진 성능을 높이고 있음을 확인할 수 있었다. 당시 실험에서 규모 6.1 상당의 지진이 15초가량 발생했을 때 붕괴는 되지 않고 상부 부재가 2.1~5.5cm 정도 변동이 있을 것으로 예측했는데, 이는 실제 지진 피해와 상당히 비슷했다.

문화유산에 대한 보수와 복원은 유물이 제작되었을 때의 동일한 재질과 기법으로 시행하는 것을 원칙으로 한다. 암석의 종류와 원산지를 찾는 연구가 그 시작이다. 〈첨성대〉를 두고 지진 시뮬레이션을 한 경우도 다르지 않았다. 재질의 분석을 위해 〈첨성대〉 주변과 내부에서 박락되어 떨어져 나온 편과 내부에서 이탈된 편 등을 수습하여 편광 현미경으로 광물의 조성과 조직적 특징을 관찰했더니 석영과 장석을 주성분으로 하는 화강암으로 나타났다.

이를 토대로 〈첨성대〉를 조성한 암석의 원료 산지를 찾기 위해 고지도와 고문헌을 토대로 산지를 탐색했다. 경주의 남산이 유력했는데 경주 지역을 대표하는 〈불국사〉의 〈다보탑〉, 〈석가탑〉 등의 원료 산지로 보고된 바 있었기 때문이다. 경주 남산

15개 땅속 선정하여 암석 분포 현황이 조사했더니 〈첨성대〉와 동일한 암석 기재를 가진 화강암 산지 5곳을 확인할 수 있었다.

시간의 무게 앞의 첨성대

내부에 흙을 채우고 비녀석과 정자석을 이용하는 등 안정적인 구조로 만들어졌지만, 1,300년이 지난 〈첨성대〉는 자연적·인위적 환경의 변화로 부재가 벌어지고 돌출되는 등 구조에 변동이 생겼다. 〈첨성대〉는 호박돌과 다짐을 통해 지반을 다졌는데, 세월이 흘러 다짐 정도와 지하수에 변화가 생겨 침하한 지반이 여러 군데 보인다. 현재 〈첨성대〉를 바라보면 북쪽으로 약간 기울어진 것을 눈으로도 확인할 수 있을 정도이다. 돌을 쌓아 만든 '조적식 구조물'인 〈첨성대〉에 '부동침하'가 영향을 준 것이다.

초음파 탐사법으로 분석한 〈첨성대〉를 구성하는 석재의 풍화 정도는 평균적으로 '중간 풍화 단계'인 3등급으로 판정되었다(약간 풍화된 2등급에서 현저한 풍화 단계인 5단계까지 분포되어 있었다). 두 번의 큰 지진에도 흔들림 없는 〈첨성대〉도 시간을 거스르는 재주는 없다. 정밀한 조사와 분석을 통해 손상의 원인과 정도를 파악하여 향후 보존 처리가 필요한 시점을 준비하고 있다.

문화재는 오랜 역사를 지니고 있다. 이는 두 가지로 해석될 수 있다. 지나온 시간만큼 문화재를 구성하고 있는 구조와 재료가 노후되어 환경 변화에 취약할 수 있다는 점과 만들어진 이래로 이런저런 재해를 겪어온 만큼 환경 변화에 적응할 수 있다는 점이다. 하지만 오랜 기간 지진에도 견딜 수 있는 구조와 공법으로 지어졌더라도 큰 규모의 강진이 증가하고 있어 원형을 보존하기 위한 다양한 조처를 해야 한다.

신라의 사상과 뛰어난 과학 수준을 오롯이 담고 있는 〈첨성대〉는 수많은 시간을 견뎌왔고 앞으로도 견뎌낼 우리의 소중한 문화유산이다. 시간이 흐르는 것을 막을 방법은 없지만, 수많은 연구자의 생각과 노력이 모인다면 그 시간의 무게를 가볍게 할 수 있는 방법은 분명 찾을 수 있을 것이다.

[YTN 사이언스]
지진에도 무너지지 않는 첨성대 축조의 비밀

◦ 250년 전 반구대를 그림 그림. 겸재 정선의 작품으로 추정되는 〈반구〉 ©문화재청

한국의 보물만이 아닌 세계의 보물이 되기 위해

반구대 암각화 : 새로운 관리 모색

세계에서 가장 큰 그림책

문화유산계에서 '크리스마스의 기적'이라 회자하는 사건이 있다. 2021년에 50주년을 맞이한 〈울주 대곡리 반구대 암각화〉의 발견이 그것이다. 1970년 12월 24일 크리스마스이브, 울산의 불교문화 유적을 조사하던 과정에서 동국대 문명대 교수가 〈울주 천전리 각석〉*을 우연히 발견하고는 그 이듬해 12월 25일 동료 교수들과 재조사하던 중 동네 주민으로부터 이보다 더

* 울산 울주군 두동면 천전리에 위치한 길이 9.5m, 높이 2.7m의 암각화. 청동기시대부터 신라에 이르기까지 다양한 시대가 기록되어 있다.

많은 바위 그림이 있다는 제보를 받은 것이다. 그리하여 세계에서 가장 큰 곳에 새겨진 그림책이 발견되었다.

〈울주 대곡리 반구대 암각화〉는 태화강의 지류인 대곡천 강기슭 암벽 아래 전체 높이 5m, 너비 10m의 크기에 고래, 사슴, 호랑이, 멧돼지, 여우, 고래잡이배와 어부, 사냥하는 모습 등 300여 점이 넘는 모습이 조각되어 있다.

〈반구대 암각화〉는 언제 만들어진 것일까? 새긴 기법을 통해 암각화가 그려진 시대를 추정해볼 수 있다. 윤곽을 그린 후 내부를 쪼거나 긁어내는 면 새김 기법은 신석기시대의 방법으로, 윤곽이나 동물의 특징을 선이나 점으로 새기는 선 새김 기법은 청동기시대의 방법으로 추정한다. 〈반구대 암각화〉는 면 새김 기법, 선 새김 기법, 면 새김과 선 새김이 혼합된 기법이 보인다. 신석기 말기부터 청동기시대까지 오랜 기간 차례로 새겨진 것이다. 이는 우리나라뿐만 아니라 전 세계적으로도 그 유례를 찾아보기 어렵다.

어떤 도구를 이용하여 새겼을까? 돌로 새긴 흔적과 금속으로 새긴 흔적을 주사 전자 현미경으로 비교해보면 돌로 새긴 경우는 윤곽선이 거칠고 단면이 U자형인 데 반해 금속 도구는 테두리가 깨끗한 V자형으로 나타난다. 관찰 결과 〈반구대 암각화〉는 단단한 석기로 새긴 것으로 추측하고 있다.

무엇을 그렸을까? 바다 동물 가운데에서는 고래류가 많고 육지 동물로는 사슴류가 많이 그려졌다. 그림의 선후 관계를 통

◦ 〈반구대 암각화〉ⓒ문화재청

◦ 〈반구대 암각화〉ⓒ문화재청

해 무엇이 먼저 그려졌는지 알 수 있는데 고래로 대표되는 바다 동물이 먼저 그려지고 육지 동물이 뒤에 그려졌다고 보고 있다. 이는 수렵 생활에서 정착 생활로의 과정이라고 해석될 수 있다.

본래 이 암각화는 빗물이 직접 닿지 않는 위치에 새겨져 있었고 암벽을 구성하고 있는 암석도 치밀하고 견고하여 오랜 시간이 지나도 훼손되지 않고 남아있을 수 있었다. 하지만 이 세계적인 문화유산을 발견하기 6년 전인 1965년 울산 시민의 식수난을 해결하기 위해 사연댐이 건설되었고 이후 지난 50년간 〈반구대 암각화〉는 잠겼다 드러났다를 반복하면서 알게 모르게 훼손이 진행되고 있었다.

댐 수위로 인해 일 년 중 8개월은 침수되어 있어 발견 직후부터 보존에 대한 문제가 끊임없이 제기되었다. 또한 암각화가 위치한 곳이 대곡천이 구부러져 흐르는 지점이어서 진흙이나 각종 유기물이 쌓인다. 침적물은 이끼나 지의류 등의 생물이 서식하기 좋은 환경이 되니 피해가 가중될 수밖에 없다. 그 뿐만 아니라 〈반구대 암각화〉가 발견되었다는 소문이 퍼져 수많은 탁본 행렬이 이어졌다. '탁본'은 비석이나 문양이 있는 기물에 먹을 고르게 입혀 종이를 대고 본을 뜨는 작업이다. 당시만 해도 3D 스캔이나 디지털 기록 장치 같은 기록 매체가 없어 탁본이 당연하던 시기였다. 탁본 과정에서의 손상과 이후의 관리가 제대로 이루어지지 못한 상태에서 〈반구대 암각화〉는 우리에게 모습을 드러냈으나 다시 감추고 싶을 만큼 관리가 제대로 되지 않았다.

가장 최선의 방법을 찾기 위한 노력

사연댐이 건설된 이후 대곡천의 수위는 해발 50~60m를 유지하고 있다. 그런데 〈반구대 암각화〉는 대곡천의 수위가 해발 53m이 되면 침수되기 시작해 해발 57m이 되면 완전 침수가 된다. 거기에 여름철의 집중호우라도 계속되면 10월 말에나 되어야 원래 수위로 회복하는 것을 반복한다.

〈반구대 암각화〉의 보존과 관리에 대한 논의는 수없이 진행되었지만 아직까지 뾰족한 수가 없는 것이 사실이다. 대곡천 수로를 변경하는 안, 가변형 임시 물막이안(카이네틱 댐), 〈반구대 암각화〉로부터 30m 정도 떨어져 물에 침수되지 않도록 제방을 쌓는 생태제방안 등을 고려해보았으나 현장 적용에 실패하면서 모두 백지화되었다.

2012년 유네스코 세계유산 우선 등재 목록에 오르자 더 이상 보존을 미룰 수 없다는 여론이 형성되면서 본격적인 대안들이 모색되고 있다. 울산시가 진행한 '반구대 암각화 보존 대책 연구'에서 현재 암석의 분리와 균열이 발생하고 있으며 풍화 현상으로 인해 보존상의 문제점이 드러나고 있다고 조사되었다. 이에 기초 조사로서 '반구대 암각화 암면 보존방안 학술연구'를 통해 석재의 성분과 구조적 안정성, 초음파 탐사, 지층 구조 등의 분석이 선행되고 이를 바탕으로 한 적절한 보존 처리의 현장 적용 실험 등이 진행되었다.

석조는 크게 화성암, 퇴적암, 변성암으로 분류된다. 화성암은 마그마가 지하 또는 지표에서 냉각되면서 만들어진 암석이며 퇴적암은 모래, 자갈, 갯벌 등과 같은 퇴적물이 물, 바람, 빙하에 의해 운반되면서 층층이 쌓여 조성된 암석이다. 변성암은 화성암이나 퇴적암이 지하 깊은 곳에서 온도와 압력의 영향으로 새로운 광물 조성으로 변한 암석을 말한다.

〈반구대 암각화〉가 그려진 암벽은 중생대 백악기에 해당하는 암갈색의 역암, 셰일 또는 이암으로 퇴적암이 주를 이루고 있다. 재질적 특성을 분석하기 위해 시료를 수습하여 편광 현미경으로 관찰했더니 미정질의 석영, 정장석, 사장석, 방해석, 녹니석, 운모류 및 불투명 광물로 구성되어 있으며 풍화된 면과 신선한 면이 뚜렷한 경계를 이루고 있었다. 주사 전자 현미경을 이용하여 미세 조직의 변화를 관찰한 결과 '신선한 면'에는 석영, 장석, 방해석 등이 치밀한 조직을 보이나 '풍화된 면'에서는 방해석이 빠져나가 토양 입자 사이에 틈이 생긴 '공극'이 남아있었다. 이는 풍화 작용으로 방해석이 수분과 반응하고 용출되면서 풍화층이 형성되고 있다는 것을 의미한다.

더 이상의 훼손을 막기 위해 보존 처리를 진행하기 전 1차 실험 구역을 선정했다. 〈반구대 암각화〉와 동일한 재질에 유사한 상태의 풍화 정도, 환경 조건을 찾아보는 과정이 이어졌다. 전암대자율, 초음파 탐사, 포터블 현미경 조사, 표면의 요철에 대한 조사를 실시하고 이를 바탕으로 실험 영역을 설정한 것이다.

우선 처리 전후의 상태를 비교하기 위해 손상을 정량적으로 평가하는 훼손지도*를 작성하고, 표면 오염물 제거를 시도했다. 표면의 엽상지의류, 선태류, 초본식물류 등의 생물학적 피해를 확인하고 먼저 나무와 대나무 칼로 무리하지 않는 정도에서 물리적 제거를 한 후 단단히 고착되어 제거되지 않는 지의류의 경우 다량의 수분을 함유할 수 있는 펄프지를 이용, 수분을 공급하여 유연하게 만든 다음 제거하였다.

또한 유럽 등지에서 많이 사용되는 라텍스 세척법을 실시하였는데, 이는 고무 입자인 라텍스가 가진 내구성과 탄력성으로 수직면에 위치한 암각화와의 밀착력을 높여 잔존 오염물을 제거하는 것이다. 이에 더해 물리적 훼손인 균열과 탈락, 박락에 대해 에폭시수지를 적용하여 접합과 충전을 실시하였고 장기적으로 모니터링하여 앞으로의 〈반구대 암각화〉 보존 처리에 어떤 재료가 적합할지 연구하고 있다.

세계의 보물이 되기 위해

1992년 포르투갈에서도 〈반구대 암각화〉와 같은 암각화가

---

* 석조 문화재의 보존 처리는 '훼손지도'를 작성하여 상태를 진단하고 그에 맞는 처리 방향과 방침을 정하는 것으로 시작한다. 이는 물리적, 화학적, 생물학적, 인위적 요인으로 나누어 정량적으로 평가하는 방법이다.

발견되었다. 코아강에 초대형 댐 건설을 계획하던 중 발견되어 문화유산으로서 보존할 것인지, 댐이 주는 경제적 혜택을 선택할 것인지 문제에 직면했다. 이에 포르투갈 정부는 국제전문가 위원회를 구성하여 의견을 구했는데 위원회는 댐 건설을 반대하는 보고서를 제출했다. 고심 끝에 1996년 포르투갈 정부는 댐 건설을 포기하고 보존을 선택했고 코아 계곡 암각화는 '기적의 암각화'라는 이름으로 불렸다. 이후 포르투갈 정부는 고고학 공원을 설립했으며 코아 계곡 암각화는 1998년 유네스코 세계유산으로 등재되었다. 울산박물관은 '포르투갈 코아 계곡 암각화의 교훈'이라는 특별전시를 개최하면서 〈반구대 암각화〉 보존에 대해 널리 알리고 힘을 모으고자 하였다.

〈반구대 암각화〉는 7,000년 전 태화강 백련 구곡 골짜기에 살던 사람들이 삶의 흔적을 기록한 그림이다. 그들은 고래를 관찰하고 여럿이서 바다에 나가 작살을 이용해 고래를 잡았다. 주변의 사슴, 호랑이, 멧돼지 등의 육지 동물을 보며 생존과 풍요를 바랐다. 세계에서 가장 큰 그림책인 〈반구대 암각화〉는 유례가 없는 소중한 문화유산이지만 현재 수많은 물음표에 둘러싸여 있다. 〈포르투갈 코아 계곡 암각화〉처럼 우리만의 보물이 아니라 세계의 보물이 되도록 적절한 해답을 찾아야 하겠다.

[YTN 사이언스]
선사시대의 타임캡슐, 반구대 암각화

6부

미래에 남겨 줄 우리의 유산

◦ 〈반차도〉©한국학중앙연구원, 유남해

박물관에 부는 디지털 바람

역사를 살아 움직이게 하는 힘

역사 속 그날로 돌아갈 수 있는 마법

'역사'와 '디지털'이 두 단어는 썩 어울리는 느낌이 아니다. 역사는 과거를 상징하는 단어이고 디지털은 미래를 의미하기 때문이다. 하지만 최근 박물관에 심상치 않은 바람이 불고 있다. 제4차 산업혁명으로 대표되는 메타버스의 세상이 박물관에도 펼쳐지고 있다.

국립중앙박물관에 '디지털 실감 영상관'이라는 특별한 방이 있다. 가로 60m, 높이 5m 크기의 대형 스크린이 꽉 들어찬 이 방에 정조 대왕이 어머니인 혜경궁 홍씨를 모시고 아버지 사도세자의 무덤이 있는 수원 화성으로 가는 이야기가 펼쳐진다. 수

∘ 실감콘텐츠 〈왕의 행차, 백성과 함께하다〉 ©국립중앙박물관

백 개의 깃발이 나부끼고 수천 명의 사람이 줄지어 행진하는 모습이 살아 움직인다. 현재의 공간에 미래의 기술로 과거의 살아 숨 쉬는 그날로 들어선 것이다.

박물관은 역사적인 사실과 흔적이 담긴 문화유산을 수집하여 연구·보존하고 전시를 통해 이를 알리고 교육하는 기능을 수행해왔다. 사람들이 박물관을 찾는 이유는 사진이나 영상을 통해 느끼기보다는 직접 보고 느끼기 위해서이다. 하지만 코로나19 앞에 박물관은 문을 잠시 잠가야 했다.

이전에도 역사와 문화를 보여주는 새로운 방법을 시도하고 과학 기술을 접목한 결과물을 선보이긴 했지만, 반강제적으로 문을 닫게 된 현실에서 박물관은 새로운 길을 모색해야 했다. 아이러니하게도 팬데믹 때문이었지만 팬데믹 덕분이기도 한 변화의 바람이 박물관에 불기 시작했다.

역사는 우리의 힘

1795년(정조 19년) 정조 대왕이 어머니인 혜경궁 홍씨를 모시고 아버지 사도세자의 무덤이 있는 수원 화성으로 가는 그날 그 시간 속으로 우리가 갈 수 있는 것은 국립중앙박물관에서 소장하고 있는 《원행을묘정리의궤》의 〈반차도〉가 남아있기 때문이다.

의궤는 조선시대에 나라와 왕실의 중요한 행사를 글과 그림으로 도화서의 화원들이 남긴 것이다. 행사의 예법과 절차를 기록한 의궤는 훗날 이를 참고하여 일을 잘 치르라고 후손에게 전하는 의미이다.

〈반차도〉에는 국왕이 탄 가마와 이를 호위하는 무신과 문신들, 그들의 옷차림이나 얼굴 표정까지 매우 정교하고 세밀하게 그려져 그날 그곳의 분위기를 엿볼 수 있다. '디지털 실감 콘텐츠'로 구현된 〈반차도〉에 등장하는 궁중 무용 장면은 모션 캡처 기술로 춤을 무형문화재 전수자들이 재현한 것으로 무형 문화유산이 과학 기술과 만나 이룬 역사 복원의 의미를 지닌다.

아무리 뛰어난 과학과 기술이 존재해도 이를 통해 구현해낼 내용이 없다면 무슨 의미일까? 우리나라는 지정학적 이유로 외

[국립중앙박물관]
왕의 행차, 백성과 함께하다

부의 침입이 많았다. 국권을 상실한 채 보내야 했던 일제강점기, 한국전쟁 등으로 우리나라는 세계의 원조를 받아야 할 만큼 어려운 시기도 있었다. 하지만 오늘날 대한민국은 유구한 역사 속에 선조의 정신과 가치가 모인 문화유산이 있어 어려움이 닥칠 때마다 이를 극복할 방법을 모색할 수 있었다. 이런 역사가 담긴 문화유산의 가치와 의미를 다양한 모습으로 보여주는 것이 전시이며, 이를 관람객에게 제대로 보여주기 위해 과학 기술이 함께한다.

초월해서 만날 수 있는 과거

'메타버스Metaverse'는 Meta(초월, 가상)와 Universe(세계, 우주)라는 뜻이 합쳐진 단어로 현실을 초월한 가상 세계를 말한다. 메타버스로 들어가기 위해서는 VRVirtual Reality(가상현실), ARAugmented Reality(증강현실), MRMixed Reality(혼합현실), XRExtened Reality(확장현실)를 통해야 한다.

이들에 대한 설명을 약간 하자면 AR은 증강현실로 열풍을 일으켰던 '포켓몬'이라는 게임처럼 현실 세계를 기반으로 가상 세계와 혼합된다. 스마트폰 등의 디바이스를 이용하여 가상의 존재가 보인다. VR은 가상현실을 오큘러스나 HTC 바이브 등의 기기를 착용하면 입체 영상과 음향을 통해 가상 세계가 실제로 자신의 눈 앞에 펼쳐진다. 혼합현실인 MR은 VR과 AR이 합쳐진 형태로 스마트 글라스나 홀로렌즈를 통해 현실과 가상의 정보가 혼합된다. 확장현실 XR은 미지수인 X를 붙임으로서 기존의 VR, AR, MR은 물론 개발될 미래의 기술을 포함한 용어이다.

실감 콘텐츠는 콘텐츠Contents, 플랫폼Platform, 네트워크Network, 디바이스Device CPND가 하나의 커다란 생태계를 이루어 다양한 방법으로 실감 즉 실제로 체험하는 감정을 느끼게 한다. 첨단 장비와 기술은 인간이 오감을 통해 느끼고 인식하게 하여 현실과 가상현실을 동시에 느끼게 하는 실감 콘텐츠를 만들어낸다.

우리는 정조 대왕과 혜경궁 홍씨가 수원 화성으로 행차한 그날로 갈 수 없다. 하지만 메타버스의 세계에서는 시간과 공간을 넘어 그날로 가볼 수 있다. 현실 공간(디지털 실감 영상관)에서 과거의 콘텐츠(원행을묘정리의궤)를 미래 기술(가상현실)을 통해 재현하는 실감 전시를 보고 나면 1795년 역사 속 그날에 있는 느낌을 받을 수 있다.

박물관의 전시가 역사를 유리 케이스 안에 펼쳐 놓았다면 실감 전시는 유리 케이스에서 나와 지금 내 앞에서 살아 움직이게 한다. 종이의 기록이 시간과 공간을 넘어 살아 움직이는 힘, 이것이 메타버스의 기적은 아닐까?

문화유산을 지키는 또 다른 방법

IoT를 이용한 방재 시스템

600년의 역사가 불타다

2008년 2월 10일 저녁 8시 50분 119에 한 통의 화재 신고가 접수되었다.

신고자 : 숭례문, 숭례문. 불났어요. 지금. 아래로 막 타요.

119 : 숭례문이 불탄다. 이 말씀이에요?

신고자 : 네, 타고 있어요. 타고 있어요. 지금. 막

다섯 시간 만에 600년의 조선 역사가 불타버렸다. 10년이 훨씬 넘은 사건이지만 생방송으로 전해지던 그 순간이 기억에 생

생한 이유는 1398년 조선시대에 세워진 한양 도성의 가장 중요한 성문, 조선 역사를 지켜왔던 대한민국 국보가 화염에 휩싸여 타버리는 순간을 실시간으로 목격했기 때문일 것이다.

많은 전문가가 머리를 맞대고 노력하여 〈숭례문〉은 2013년 우리 곁으로 돌아왔다. 하지만 조선 초 태조 이성계와 정도전이 새로운 세상을 꿈꾸며 세웠던 그 〈숭례문〉은 아니다. 토지 보상에 불만을 품은 이가 일으킨 방화 사건으로 600년을 이어오던 역사가 사라진 〈숭례문〉이 서울 한복판에 서 있다. 이 사건으로 인해 문화재 방재에 대한 중요성과 필요성이 제기되었고 이후 2월 10일은 '문화재 방재의 날'로 지정되었다.

관리의 사각지대

우리나라 문화유산 관리 체제는 크게 3곳에서 이루어지고 있다. 움직일 수 있는 동산 문화재는 문화체육관광부 산하의 박물관·도서관·미술관에서, 움직일 수 없는 건축물·석탑·성곽 등 부동산 문화재는 문화재청에서, 지방 문화재는 문화재보호법상 지방 자치 단체에서 보존·관리 업무를 담당하고 있다. 동산 문화재는 실내에서 관리가 이루어지고 있지만 자연환경에 그대로 노출된 부동산 문화재는 인적·물리적 한계로 온전한 관리가 이루어지기 힘든 현실이다.

◦ 불타버린 600년의 역사, 막을 순 없었을까?〈숭례문〉복원 후 ©문화재청

1962년 문화재보호법이 제정되면서 전국 곳곳에 있는 문화유산을 관리·보존하기 위해 국보 제1호, 보물 제1호처럼 지정번호로 관리되어왔다. 가치나 중요성을 따져 번호를 붙인 것은 아니었다. 하지만 문화유산을 서열화한 것으로 인지되면서 지정번호 제도는 폐지하고, 2021년 11월 19일 이후부터 대장臺帳주의로 변경했다. 즉 보존 관리해야 할 문화유산을 모두 목록에 등록하고 특별히 관리가 필요한 대상을 집중적으로 관리하는 데 중점을 두기로 한 것이다. 이를 통해 지정 문화재뿐만 아니라 비지정 문화재 모두를 포함하는 포괄적 정책으로 관리의 사각지대를 없애고자 했다.

2010년부터는 문화재청과 시도별 지방 자치 단체, 민간단체가 손을 잡고 '문화재 돌봄 사업'을 통해 각 지역의 문화재에 대한 보존과 관리에 허점이 없도록 상시적 예방관리제도를 구축했다. 이 제도를 통해 기존에는 명확하지 않았던 '사전 예방관리'에 대한 인식이 확대되는 계기를 마련했다.

하지만 이러한 노력에도 불구하고 문화재청에서 매년 발표하는 문화재의 도난·회수 현황 자료를 보면 2021년 기준, 지정·비지정 문화재를 포함하여 도난당한 문화재가 761건 30,885점이며 그중 회수된 문화재가 241건 6,744점이다. 자연적·인위적 위험에 처해 있는 문화유산을 더 이상 놓아둘 수 없는 상황이다.

문화재를 지키는 또 다른 방법

세계는 인터넷, 정보 통신 기술의 발전으로 아날로그에서 디지털 시대로 들어섰다. 여기에서 한 발짝 더 나아가 여러 분야에서 빅데이터, 인공지능, 사물인터넷을 이용하여 이를 활용한 새로운 접근이 이루어지고 있다. 문화유산 분야도 예외일 수 없는데 사물인터넷IoT을 이용한 문화재 관리를 시도하고 있다.

사물인터넷의 일반적인 정의는 사물들Things이 서로 인터넷에 연결Internet되어 실시간으로 데이터를 주고받는 환경을 말한다. 즉 인터넷에 연결된 사물이 사용자의 개입 없이 센서, 소프트웨어, 통신 기능을 이용하여 네트워킹하고 정보를 처리하는 것이다. 사물인터넷의 활용은 ABCD+I 기술의 집약으로 이루어진다.

ABCD+I의 구체적 의미를 살펴보면, A는 인공지능AI로 인간이 목표를 제시하고 기계가 합리적으로 행동하여 원하는 결과를 얻는 것을 말한다. 수많은 데이터를 수집·입력하고 훈련→검증→시험의 과정을 통해 컴퓨터를 학습시켜 이를 활용하는 것이다.

B는 블록체인Block Chain이다. 블록을 연속적으로 연결한 집합인 P2P 기반으로 특정한 소유자나 관리자가 없이 인터넷을 통해 각각의 사용자가 파일을 교환·공유하도록 개발된 기술이다.

C는 클라우드Cloud. 예를 들어 구글 클라우드는 사용자에게 5GB의 저장 공간을 무료 제공하고 업로드되는 사진을 분석해

영상인식 시스템에 기본적인 데이터로 활용한다.

D는 빅데이터이다. 컴퓨터나 스마트폰 등 전자기기 디바이스가 네트워크에 연결되어 위치·결제·통화 데이터 등의 수많은 데이터를 수집하는 것을 말한다.

즉 ABCD+I 기술은 사물인터넷 기기를 통한 데이터 수집으로 빅데이터가 만들어지고, 이를 블록체인이나 클라우드를 이용하여 안전하게 저장하고, 인공지능 기술을 이용하여 수집한 데이터를 분석하여 활용하는 것이라고 할 수 있다.

산불 피해가 잦은 강원도는 춘천시에 '강원도 문화재 안전관리 상황실'을 설치하고 2019년 'IoT 기반 문화재 변위 모니터링 시스템'을 개발하여 특허 등록하였다. 기존의 문화재 방재 시스템은 화재 감지기, 침입 감지 센서 등 현대 건축물에 적용되던 것을 그대로 적용할 수밖에 없었는데 유선으로 되어 있어 설치하는 과정에서 문화재의 훼손이나 감상에 방해가 되는 점이 있었다. 하지만 사물인터넷은 제약된 환경에서도 적용될 수 있도록 개발 단계에서부터 제품의 단순화·소형화를 중점에 놓고 진행했다. 또한 5G 무선 통신 기술은 모든 전자기기와 연결이 가능하여 사물인터넷 상용화를 끌어냈다.

사물인터넷을 이용한 문화재 방재 시스템은 CCTV를 기본으로 온·습도, 균열, 기울기, 풍향, 접근 감지 센서 등을 통해 빅데이터화한다. 지진, 태풍, 호우, 산사태, 산불, 화재 등이 발생하면 이를 감지하여 자동 신고되고, 연결된 소화전이 작동하며, 동시에 현장 사진을 촬영하여 상황실에 실시간으로 전송하는 등 적절한 조치가 이루어지도록 만든 것이다. 야외에 노출된 목조 문화재는 흰개미나 곤충 등 피해가 적지 않은데, 곤충이 접근하면 지능형 알고리즘을 통한 모니터링 시스템이 이를 알려 신속한 조치를 취할 수 있게 해준다.

문화재 방재의 핵심은 철저한 예방 중심의 시스템이다. 하지만 2005년 〈낙산사〉 화재 이후 문화재청이 사찰 문화재의 방재 시스템 구축을 위해 80억 원의 예산을 국회에 요청했으나 1억 원이 겨우 편성되었고, 2018년에는 17억 원이 반영되었다고 한다. 〈숭례문〉 화재는 복원 비용이 400억 원으로 추정되나 간접 효과까지 산정하면 1,000억 원이 넘는 비용이 소요되었다고 보고 있다.

한정된 국가 예산이라는 현실적인 문제를 넘어 소실 또는 파괴되는 등 원형이 훼손된 문화유산을 과연 어떻게 관리해야 할지 체계적인 계획 아래 차근차근 문화유산을 지키는 방법을 실행할 때이다.

사라진 문화유산이 되살아나는 마술

3D 스캔을 통한 복원과 전시

사라진 역사의 흔적

해가 뉘엿뉘엿 저물자 수행하던 승려 한 분이 불씨 하나를 담아 돌사다리에 올라서서 석등에 불을 밝힌다. 대웅전 앞에 놓인 석등의 화사석 너머 부처님의 가르침을 의미하듯 어둠 속에 한 줄기 빛이 빛나고 있다. 옛날 옛적에 사찰의 저녁 모습은 어땠을까, 상상해봤다.

석등은 부처의 가르침을 '빛'으로 상징한 것으로 사찰에 가면 쉽게 볼 수 있지만 문헌상 기록을 찾기 쉽지 않다. 우리나라에서 '석등'이라는 문자 기록으로 남아있는 가장 오래된 것은 통일신라시대의 전라남도 담양 〈개선사지 석등〉이다. "경문왕과 문

◦ 미륵사지 석등 하대석 ©문화재청

의왕후 그리고 공주의 발원으로 승 영판이 석등을 조성하여 868년 첫 불을 밝히고 용기3년(891년 진성여왕 시기) 승 입운의 뜻으로 명문을 새겨 넣었다."는 내용이 석등에 새겨져 있다.

익산 〈미륵사지〉에서는 석등의 연꽃 모양 하대석과 옥개석 하단이 확인되었다. 《삼국유사》에는 백제 무왕이 왕비와 사자사에 가는 중 용화산 밑의 큰 못가에 이르니 미륵삼존이 못 한가운데서 나타나 수레를 멈추고 절을 올렸는데, 왕비가 여기에 큰 절을 지으면 좋겠다고 하여 왕이 허락했다는 기록이 있다. 이는 미래의 부처인 미륵이 세상을 구한다는 미륵신앙에 근거한 것으로 《미륵삼부경》이라는 경전에 "각각 상생과 하생 그리고 성불에 관한 내용으로 백제 무왕과 선화공주 설화에 나오는 '미륵삼존' 불상을 만들어 불전, 불탑, 회랑을 각각 3곳에 세우고 절 이름을 '미륵사'라고 했다."는 내용과 일치한다.

〈미륵사지〉는 유일하게 3금당 3탑으로 백제의 일반적인 가람배치*인 1금당 1탑**인 것과는 다르다. 발굴 조사 시 화사석

---

* '가람'은 사원을 의미하는데, 가람에는 탑, 불상을 모신 금당, 이를 둘러싸는 회랑 등 여러 건축물이 들어선다. 이런 건축물의 배치를 가람배치라고 한다.

** 탑과 금당이 중앙에 마주보게 된 1탑 1금당

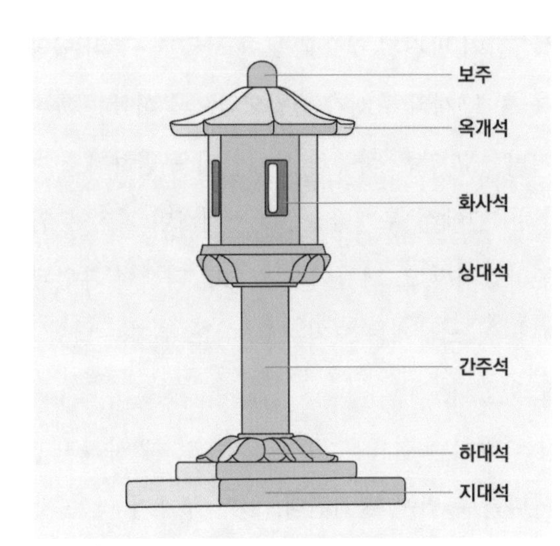

◦ 석등의 구조

◦ 담양〈개선사지 석등〉©문화재청

과 옥개석 3점이 발견된 것으로 보아 석등도 3등이 있었을 가능성이 있다. 총 13개의 부재가 확인되었으나 이들은 파손되어 원형을 잃어버렸고 같은 석등의 부재인지 구별하기도 어려웠다. 국립익산박물관에서 부재들을 3D 스캔하여 파손 부위를 디지털로 복원하였지만 또 난관이 있었으니 디지털 복원된 부재의 결합이었다. 어느 부재는 모자랐고, 어느 부재는 남았다. 또 파손된 것도 있었다.

미륵사를 밝히던 석등은 켤 수 없는 걸까? 사라진 문화유산이 되살아나는 마법이 펼쳐진다. 어떤 부재가 맞는 것인지 확실하지 않은 상황에서 3D 스캔을 통해 여러 가지 조합으로 부재를 맞추어보는 색다른 전시가 국립익산박물관에서 열린 것이다. 국립익산박물관 특별전 '백제의 빛, 미륵사 석등'은 사라져 터만 남은 미륵사가 아닌 7세기 무왕이 백제의 부흥을 꿈꾸며 만들었던 미륵사의 진짜 모습을 찾아가는 하나의 여정으로 기록되어 있다.

[국립익산박물관]
석등 전시 영상

사라진 것을 되살리는 마술

2015년 문화유산 복원에 3D 프린트를 최초로 시도했다. 물론 유물에 그대로 적용하진 않고 복제품을 대상으로 하였다.

우선 삼국시대 〈차륜형 토기〉와 고려시대 〈청각 투각칠보 무늬향로〉를 비접촉식 광학스캐너를 사용하여 스캔하고 이후 모델링하여 토기는 석고로, 향로는 UV-아크릴화합물을 이용하여 복원했다. 문화유산의 복원에 3D 스캔과 3D 프린트 기술을 사용하여 주목받았다. 2016년에는 국립중앙박물관에서 1915년에 수집한 〈백자수주〉를 대상으로 복원에 성공하였다. 〈백자수주〉의 결실되어 빈 부분을 반대편과 대칭되게 문양을 복사한 후에 3D 프린트를 통해 결실된 부분을 채워 넣었다. 원형이 그대로 남아있었다면 하는 아쉬움도 채워지는 복원 실험이었다.

◦ 〈백자수주〉 결실된 부분에 문양을 복제해 넣었다.
3D 스캔과 3D프린트 기술을 이용해 결실된 부분을 채운다.

◦ 3D 프린터 기술로 복원된 모습
©국립중앙박물관

디지털로 재해석한 역사

최초의 문화재 디지털 복원은 1991년 '익산 미륵사지 서탑 복원 프로젝트'로 컴퓨터 영상 처리기술을 이용하여 원형 고증 작업을 실시한 것이 처음이다. 디지털로 문화유산을 복원하는 방법은 3D 스캔을 통해 얻은 데이터 값으로 복원하거나 자체적으로 3D 모델을 만드는 두 가지가 있다.

지금은 3D 스캔을 이용한 복원을 넘어 훼손되었거나 사라진 문화유산을 디지털 테이터나 영상으로 재현하여 새로운 콘텐츠로 활용하는 단계까지 와있다. 이러한 시도들이 만들어낸 다양한 활용도 기대할 만하다.

2003년 유네스코 이사회에서는 '디지털 유산의 보존에 대한 헌장'에서 "디지털 유산은 디지털로 창출된 기술적, 법적, 의학적 정보, 그 밖의 정보 또는 현존하는 아날로그 자원의 디지털 전환 형식과 함께 문화적, 교육적, 과학적, 행정적 자원을 포괄한다. 자원이 '태생적으로 디지털'이라 함은 디지털로 된 대상물 외에 다른 형태로 존재하지 않음을 의미한다."라고 디지털 유산에 대해 정의했다.

디지털 자료는 다양한 콘텐츠가 제작될 수 있는 기초 자료가 될 수 있지만 단점도 존재한다. 데이터의 과잉이 발생할 수 있고 여러 요인으로 인해 데이터의 정확도와 신뢰도가 낮아질 수 있으며, 데이터 저장 매체의 수명에 따라 영구적인 보관이 어려우면 지속적인 복제도 필요하다. 방대하게 축적되는 자료에 대한 데이터 관리 비용 등도 고려가 필요하다.

구글에서는 '구글 아트 앤 컬쳐 프로젝트'를 진행하고 있다. 40여 국 이상의 전통 문화재부터 현대 미술 작품까지 4만 점 이상을 'Google Arts&Culture'라는 앱으로 제공한다. 구글은 자료들을 이용하여 온라인 전시회도 개최하고 있다. 박물관이나 미술관에 가지 않아도 전 세계의 유명한 문화유산을 만나볼 수 있는 것이다. 이러한 다양한 시도는 역사를 보여주는 새로운 전시 방식이며 역사의 조각들을 찾아가기 위한 노력이라 할 것이다.

전통을 다시 꿈꾼다

전통 방식의 연구와 발전

전통의 재조명

전통이란 무엇일까? 한자 그대로를 풀어보면 전할 전傳 큰 줄기 통統, 즉 전하여 내려오는 것이다. 과거로부터 전해진 물건뿐만 아니라 사고와 행위 양식 등을 포함한다. 조선시대를 배경으로 한 'K-좀비'로 세계적인 인기를 모은 드라마가 있다. 여기에서 등장인물들이 쓰던 갓을 'kingdom hat'이라는 이름으로 쇼핑몰에서 판매가 되고 있다는 소식이 들려왔다. 그들의 눈에 갓은 검은색 얇은 실로 촘촘히 엮어 만든 속이 비치는 신선한 형태의 모자였던 것이다.

《한서》에는 위만이 망명할 때 "상투하고 오랑캐 옷을 입었다." 고 기록하고 있다. '상투'는 중국, 일본과는 구별되는 우리만의 문화이다. 고구려 고분 벽화와 신라 〈기마인물형 토기〉에서도 찾아볼 수 있다. 상투를 틀고 그 위에 관이나 갓, 두건 등을 착용하였다. 유교 경전의 하나인《효경》에는 '신체발부身體髮膚 수지부모受之父母 불감훼상不敢毁傷 효지시야孝之始也' 라는 구절이 있다. '모든 신체는 부모에게서 받은 것이므로 감히 다치지 않게 하는 것이 효의 시작이라' 생각하여 머리카락을 자르는 것조차 불효라고 생각한 것이다. 그래서 조선시대에는 상투를 그대로 드러내는 것이 예의가 아니라고 여겼다. 이런 문화가 다양한 갓 문화를 만들어냈다.

◦ 갓 ©국립중앙박물관

'갓'은 고려시대 서민이 쓰던 패랭이에서 유래하여 조선시대에는 신분을 상징하는 하나의 표식이 되었다. 조선시대에는 필수품이었으나 신분제가 폐지되고 단발령이 내리면서 갓을 찾는 사람들은 줄었다. 오롯이 사람의 손으로 만드는 갓은 제작 과정이 까다롭고 섬세하여 하나를 만드는 데 반년 이상의 시간이 필요하다. 500년이 넘는 시간 동안 제작되었지만 갓을 만드는 사람들은 사라졌고 우리는 지금 갓을 쓰지 않는다. 시대의 흐름에 따른 것이지만 '중요무형문화재'를 지켜나가는 이들이 없다면 우리는 앞으로 박물관에서만 갓을 볼 수 있을 것이다.

그렇다면 '중요무형문화재'란 무엇일까? 연극·음악·무용·공예·기술 등 형태가 없는 무형의 문화적 산물 중 역사적·예술적·학술적 가치가 큰 것을 무형 문화재로 지정한 것이다. 이를 원형대로 체득·보존하고 재현할 수 있는 사람을 보유자 또는 보유단체로 삼아 안정적인 전승 활동을 이어 나갈 수 있게 보호하고 있다. 무형의 문화유산은 '살아있는 문화유산'이다. 하지만 지금 존재한다고 해서 계속해서 존재할 것이라 생각해서는 안 된다.

문화재청과 국립문화유산원에서는 중요무형문화재의 원형을 보존·계승하기 위하여 영상물로 제작하거나 장인들의 전시나 공연을 계획하거나 직접 배워볼 수 있는 교육프로그램을 꾸준히 개발하고 있다. 아무리 좋은 전통이라도 이어지지 않는다면 그것은 죽은 유산일 뿐이다. 전통을 지켜나가는 일은 결코 쉬운 일이 아니다. 가늠할 수 없는 시간이 흘렀는데도 우리 곁에 존재하고 있다면 이를 지키기 위한 수많은 이들의 노력이 있었음을 기억해야 한다.

숭례문 복원이 남긴 숙제

앞서 말했듯 유네스코 세계기록유산으로 등재된《조선왕조의궤》는 왕실이나 국가에 중요한 행사가 있을 때 후세에 참고할 수 있도록 행사에 관한 모든 내용을 그림과 문자로 기록한 것이다.

이 귀중한 자료를 통해 우리는 궁궐이나 궁중 문화, 풍속 등을 복원해낼 수 있었다. 이중《영건도감의궤》는 건물의 건축·수리 과정, 공사 기법, 재료 등이 기록되어 있어 당시에 화재나 재난으로 건물이 사라지더라도 이 의궤를 토대로 복원이 가능했다. 600년 전 〈숭례문〉을 만들었을 때도 분명 '숭례문영건의궤'를 만들었을 것이다. 만약 그 자료가 남아있었다면 어떤 이들이 공사에 참여했으며 어떤 재료와 연장을 이용했는지도 알 수 있었을 것이다. 하지만 아쉽게도 기록이 남아있질 않아 불타버린 〈숭례문〉을 통해 알아내야 했다. 일각에서는 이 과정에서 어쩌면 전통기술과 기법을 복원해낼 기회가 될 것이라 희망도 가졌다. 그때까지의 문화재 보수 공사는 전통 기술이 아닌 현대의 도구와 기술을 통한 복원이 주를 이루었기 때문이었다. 모양만 비슷할 뿐 그 속에 담겨야 할 전통 기술은 그 어디에도 없었다.

숭례문복구단장인 최종덕 씨는《숭례문 세우기》라는 책에서 어제의 건물을 오늘 다시 세운다는 것에 대한 고민을 담으며 1960년대 말부터 일본으로부터 목공 기계와 석공 기계를 문화

◦ 서궐영건도감의궤-경희궁 ©한국학중앙연구원, 김연삼

◦ 서궐영건도감의궤 ©한국학중앙연구원, 김연삼

◦ 영건도감의궤-감실도 ©한국학중앙연구원, 유남해

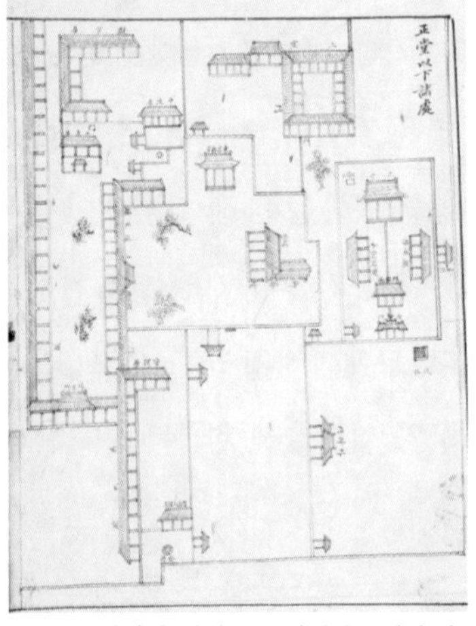

◦ 영건도감의궤-감실도. 국가에서 주관한 건설공사에 대한 종합적인 보고서 형식의 관찬 조영문서. 장서각도서. ©한국학중앙연구원, 유남해

재 공사 현장에 들여와 우리의 전통 연장을 몰아냈다고 전하고 있다. 장인들이 선대 장인으로부터 물려받은 연장과 기법을 슬그머니 뒷전으로 감추고 기계의 편리함과 능률에 탐닉했다면서 말이다. 〈숭례문〉 복구는 지금까지의 잘못된 관행을 바로잡을 수 있는 계기가 되었으며 화재 전보다 더욱 〈숭례문〉답게 만들자는 국민들의 공감대가 형성되었기 때문에 가능했다고 이야기한다. 그는 600년의 역사가 불타버린 것은 가슴 아프지만 이를 발판 삼아 1961년에 〈숭례문〉 보수공사에 참여했던 장인의 증언을 토대로 문화재 복원 현장에서 역사를 복원할 이들을 길러낼 절호의 기회가 될 것으로 기대했다.

문화유산 복원의 진정성

문화재 복원에 기술과 성능이 좋은 신소재보다 전통 재료를 적용하려는 이유는 무엇일까? 문화유산의 보존·복원에 가장 적합한 것은 당시 사용했던 재료이다. 하지만 한국은 1960년대 이후 급격한 산업 발전으로 전통적인 재료를 제작하는 장인들을 찾기 어렵게 되었다. 현재 전통 장인 몇몇에 의해 간신히 명맥을 유지하고 있다.

문화재 복원의 중요한 원칙은 최대한 원형에 가깝게 복원해야 한다는 것이다. 이는 유네스코에서 규정하는 진정성과도 맞닿아 있다. 하지만 수백 년 혹은 몇천 년 전의 원형이 어땠는지는 생각해봐야 한다. 그 당시 기록이 존재하지 않는 한 우리는 원형이 어떤지 정확히 알기 어렵다. '과학적 분석과 조사'는 이러한 한계를 극복하게 해준다. 재료에 대한 정보와 실험 등을 통해 물성에 대한 근원적 접근으로 문화재 현장에서 적용 여부를 결정할 때 근거 자료가 되어준다.

하지만 현장에서는 전통 재료만을 고집할 것이 아니라 필요하다면 현대 재료도 쓸 수 있는 유연성이 필요하다. 오늘날 수많은 현장에서 쓰고 있는 에폭시 접착제도 전통 재료가 아니다. 과거에 썼던 접착제로 손상이 심한 문화재의 원형을 지키는 것은 사실상 불가능하다. 원형을 보존해야 하는 상황에서 현대 재료를 적용해야 할 경우 이에 대한 철학적 고민과 이유를 담아내는 것도 보존 처리의 역할이다.

'문화재 수리 등에 관한 업무 지침' 중 제15조에는 "문화재 수리에 따른 시대 기준 적용은 문화재 축조에 정당하게 기여한 모든 시대 요소가 존중되고 유지되어야 한다. 다만 부가된 문화재 수리의 흔적보다 그 이전이 역사적, 고고학적, 미학적 가치를 가지고 있으면 그 이전의 상태를 적용할 수 있다."고 규정하고 있다.

일제강점기 때 〈숭례문〉은 좌우측 성곽과 지반이 변형된 상태였다. 〈숭례문〉을 '화재 전'의 모습으로 되돌리자고 할 때 문헌 고증과 발굴 조사를 통해 일제에 의해 변형된 상태로 복구해야 하는 것일까? 원형대로 복원하자는데 그 원형은 언제일까? 1398년 태조 이성계 때? 1961년대 수리 때? 생각보다 문화유산 원형에 관한 문제는 답을 찾기 쉽지 않다. 문화재 복원이 어려운 이유이다.

2008년 화재로 〈숭례문〉은 상하층으로 된 문루 중 하층은 거의 온전했고 상층과 기와, 단청이 피해를 입었다. 목부재 중 66%는 잃었지만 34%는 남아있었다. 하지만 상량문을 적은 부재는 불탔다. 기와의 피해가 가장 컸고, 단청은 1988년 화학 안료로 단청한 것이라 문양이나 색도 역사적 근거가 없었다.

〈숭례문〉은 1907년 철거된 성곽을 복원하고, 1960년대 수리에서는 크게 변형되었던 지붕을 원래 구조로 돌려놓았다. 1935년 잘못된 수리로 인해 숭례문 현판 글씨체가 변형되었다는 것을 발견하고는 이전에 탁본해둔 자료를 구해 원래의 글씨체로 바로 잡았다.

전통 재료나 기법에 대한 큰 과제를 남긴 〈숭례문〉의 복원 과정은 과학적인 방법을 이용한 전통 재료의 가치 발견과 복원 연구로 이어졌다. 이것은 숭례문 화재가 우리에게 준 명明이다. 하지만 2013년 5월 준공되기 전부터 숭례문 복원의 암暗이 드러났다. 단청의 일부가 갈라지는 등 문제점이 발견된 것이다. 하지만 〈숭례문〉의 복원을 향해 달려가던 정부는 멈추지 못했다. 국립문화재연구소의 조사와 감사원 감사를 거치면서 단청을 전통재료가 아닌 수입산 안료와 화학 접착제를 사용했음이 밝혀졌다. 당시 전통 안료에 대한 체계적인 연구가 진행되지 않은 상황에서 복원 공사는 강행되었던 거다. 여러 이유로 인해 〈숭례문〉 복원은 많은 숙제를 남겼다.

문화재 복원은 단순하게 '수리의 문제'가 아니다. '역사를 이어 나가는 일'이므로 다양한 분야의 전문가와 보존과학자들은 함께 전통에 대한 방향과 길을 찾아내야 한다.

기록의 DNA,
인류세 우리는 무엇을 남길 것인가?

조선왕조실록 그리고 반도체

조선왕조실록과 SNS

《조선왕조실록》은 조선 1대 태조부터 제25대 철종에 이르기까지 25대 472년의 역사를 편년체로 기록한 역사서이다. 조선의 하루하루를 기록한 역사서가 남아있기에 500년의 역사를 알 수 있다. 이외에도 삼국시대의 역사를 기록한《삼국유사》,《삼국사기》와 고려의 역사를 기록한《고려사》,《고려사절요》등 수많은 기록이 있기에 역사를 잊지 않고 우리의 현재를 지켜낼 수 있었다. 이중 유네스코 세계기록유산에 등재된《조선왕조실록》은 그 방대함뿐만 아니라 정치, 외교, 군사, 제도, 법률, 경제, 산업, 교통, 통신, 사회, 풍속, 천문, 지리, 과학, 의학, 문학, 음악,

◦ 삼국유사 ©규장각한국학연구원

◦ 세종실록 ©규장각한국학연구원

미술, 공예, 학문, 사상, 윤리, 도덕, 종교 등 사람과 연관된 모든 것의 역사를 담고 있어 그 가치를 인정받았다.

"호랑이는 죽어서 가죽을 남기고, 사람은 죽어서 이름을 남긴다."라는 속담이 있다. 존재는 무엇인가를 남긴다는 의미와 맞닿아 있다. 그리하여 수많은 역사서에 문화가 담겨 있고 그것은 문화유산으로 구현되어 우리 곁에 남아있다.

현대의 우리도 옛사람들과 다르지 않다. 우리는 삶의 발자취를 사진, 동영상, 일기 등으로 기록하여 남긴다. 오늘의 일상과 생각을 SNS에 담아 기록하고 다른 이들과 나눈다. 기록의 DNA

는 〈반구대 암각화〉를 남겼던 그들에게서 온 것일지도 모른다. 과거에 사람들이 돌, 금속, 도자기, 나무, 종이에 그것들을 담았다면 현대의 우리들은 '반도체'라는 새로운 재료에 담고 있다.

지금은 규석기시대

주기율표에서 원자번호 6번 탄소와 14번 규소는 위 아래에 있다. 이는 비슷한 화학적 성질을 지니고 있다는 이야기이다. 하지만 탄소와 규소가 쓰이는 곳은 전혀 다르다. 탄소는 생명체의 가장 중요한 원소로, 규소는 생물과는 거의 상관없는 암석으로 존재한다. 이 두 원소의 만남으로 만들어진 것이 '실리콘'이다. 규소와 탄소를 골격으로 한 고분자 물질, 실리콘 속 규소는 전기를 통과시키는 전도체 금속의 특성과 통과시키지 못하는 부도체 물질도 동시에 소유한다. 이런 특징을 지닌 물질이 바로 '반도체'이다. 현대 사회는 '반도체 시대'라고 불러도 과언이 아닐 정도다. 더 나아가 반도체는 앞으로 사회를 주도해갈 것이다.

금속은 전자 일부가 원자로부터 분리되어 있어 전자가 자유롭게 움직이기 쉽다. 여기에 전압을 걸어주면 전자가 그쪽을 향해 흘러가고 이것을 '전류가 흐른다'고 표현한다. 그런데 규소 속의 전자는 원자에 묶여있는 상태라 전자가 자유롭게 움직이기 어려워 전류가 흐르지 않는다. 하지만 여기에 다른 원소를 섞어주면 전자가 흐른다. 마이너스(-)를 띤 전자가 부족하면 전체적으로 플러스(+)가 되어 'p형 반도체'라 부르고 그 반대를 'n형 반도체'라 부른다. 이러한 방식으로 여러 원소와 양을 조절하여 다양한 성질의 반도체를 만들 수 있다.

미래창조과학부는 2015년 광복 70주년을 맞이하여 국가 경제를 견인해온 과학 기술의 역할을 조명하기 위해 '대표 과제 70선'을 선정해 공개했다. 이 중 1980년대 성과에 '디램DRAM 메모리 반도체' 개발이 포함되어 있다. 오늘의 대한민국을 IT 강국으로 만드는 데 크게 기여한 것이 반도체라는 것을 증명한다. 문화재청에서는 2013년 '반도체 64K D램'을 등록문화재* 제563호로 등록하였다.

◦ 1983년에 세계에서 세 번째로 개발된 삼성전자_64K_DRAM ©문화재청

지금을 규소의 '규'를 붙여 '규석기시대'라고 부르는 것은 그만큼 반도체로 만든 도구를 많이 사용하는 시대이기 때문이다. 과거 석기, 청동기, 철기로 만든 도구로 살아왔다면 지금의 삶은 반도체로 만든 전자 제품이 주도하는 시대이다. 라디오, 세

* 등록문화재 제도는 역사와 가치를 잃어버릴 위기에 처한 근대 문화유산을 보호하기 위해 시행되고 있다. 기존의 문화재보호법과는 달리 소유자의 활용 의사가 있는 경우 이에 대한 보조금을 지원하는 등 적극적으로 이용할 수 있도록 하고 있다.

탁기, 자동차가 문화재가 되는 시대. 지금 새로운 시대를 만드는 것은 '재료'에 있다. 이제 우리는 미래에 어떤 문화유산을 남길 것인가?

인류세에 살고 있는 우리

"우리는 이제 홀로세에 살고 있지 않습니다. 우리는… 인류세에 사는 겁니다." 2000년 2월 멕시코에서 열린 국제지권생물권계획회의에서 노벨 화학상 수상자인 파울 크뤼천이 한 이 발언은 큰 파장을 일으켰다. 새로 부과되는 세금인가? 라고 생각이 들 정도로 낯선 용어였다. '인류세'는 지질시대의 명칭으로 인류를 뜻하는 '안트로포스anthropos'와 '세cene'를 합쳐서 만든 용어로 인간의 활동이 지구환경을 바꾸는 지질시대를 이르는 말이다. 우리가 지금 사는 시대는 '홀로세holocene'이다. 마지막 빙하기가 끝나고 간빙기가 시작되면서 인류는 정착 생활을 하고 농경하면서 문명을 발전시킬 수 있었다. 이때부터 새로운 시대로 들어선 증거라고 하여 홀로세라 부르는 것이다.

인류세의 시작을 언제로 잡을 것인가에 대한 의견은 아직 분분하다. 인류가 농경을 시작했을 때? 증기기관이 발명되어 산업혁명이 일어났을 때? 제2차 세계대전 이후 1950년대 자본주의로 산업화가 시작된 때? 이 모두가 인간이 자연환경에 영향을

◦ 플라스틱 암석. 먼 미래의 인류는 우리를 어떻게 기억할까? ©EBS 다큐프라임 '인류세'

주었을 때를 말하고 있다. 만약 지금의 세계가 멸망한 아주 먼 미래의 어떤 존재가 지상에 남았던 마지막 호모 종 '사피엔스'의 흔적을 발견한다면 우리를 어떻게 생각할까?

우리는 무엇을 남길 것인가?

플라스틱plastic은 '가능성 있는' 또는 '유연한'이라는 뜻의 형용사로 최초의 플라스틱은 당구공이었다. 코끼리의 상아로 만들던 당구공이 귀하고 비쌌기 때문에 이를 대체할 물질을 찾았고 녹나무를 녹이면 나오는 장뇌를 이용하여 실용화에 성공, '셀룰로이드'라는 이름으로 판매하기 시작했다. 자연계에 없는 물질인 플라스틱의 탄생 이후 사람들의 삶은 엄청나게 변화하였다.

물질은 원자 여러 개가 결합한 '분자'로 이루어져 있다. 물H_2O은 산소O 1개에 수소H 2개가 결합한 분자이고, 포도에서 발견되어 이름이 붙은 포도당$C_6H_{12}O_6$은 탄소C 6개, 수소H 12개, 산소O 6개가 결합한 분자이다. 보통 원자의 수가 수천 개 이하인 경우 '저분자'라고 이야기하고 수천 개에서 수만 개 이상의 원자가 결합한 거대 분자를 '고분자'라고 한다. 자연계에도 고분자는 존재한다. 셀룰로스나 우리 몸의 DNA도 고분자에 속한다.

엄밀하게 플라스틱은 '인공적'으로 합성한 고분자 물질이다. 플라스틱은 페트병, 비닐봉지는 물론 셔츠나 스타킹 같은 의류도 만들 수 있다. '유연하고 가능성 있는'이란 뜻에 걸맞게 원하는 것은 무엇이든 플라스틱으로 만들어낼 수 있다. 이러한 플라스틱은 자연의 물질로는 분해되지 않는다. 분해되지 않는다는 것, 그것은 우리보다 더 오랫동안 지구상에 존재할 수 있다는 뜻이다.

만약 지금의 세계가 멸망하고 훗날 6번째 대멸종에 대한 이유를 조사하기 위해 지구의 역사를 담고 있는 지층을 조사한다면 인류세를 증명하는 '플라스틱 지층'이 확인될 것이라고 과학자들이 경고하고 있다.

미래를 위해 우리는 무엇을 할 수 있을까? 어떤 학자들은 지구 곳곳에서 일어나고 있는 사막화, 산불, 홍수, 폭염, 장마 등의 이상기후들을 증거로 이미 되돌릴 수 있는 임계점을 넘었다고 말하기도 한다. 하지만 우리는 슬기로운 사람 '사피엔스'이다.

자연을 이겨내고 살아남았지만 결국 자신을 멸망시킨 슬기롭지 못 한 사람으로 기억될 것인가? 나는 아직 늦지 않았다고 믿고 싶다.

[EBS 다큐프라임]
인류세 - 플라스틱 화석

에필로그

과학은 역사를 보는 또 하나의 시선이다

보존과학은 오랜 시간 먼지 아래 숨어있던 본래의 가치와 의미가 드러나게 하는 분야이다. 과학 기술을 이용하여 문화유산이 원형 그대로 손상 없이 생명을 연장할 수 있도록 노력한다. 그렇기에 보존과학은 현재의 학문이라고 할 수 있으며 과학 기술과 함께 진일보하기에 미래의 학문이라 할 수 있다. 더 나은 기술이 나오면 나올수록 더욱 안전한 방법으로 조사하고 분석할 수 있어 우선은 최소한의 조치만을 취하고 나중을 기약하는 경우도 있다.

역사에서 보존과학의 역할은 문화유산의 제작 기술과 그 속에 담긴 가치를 조명하여 앞으로 나아가야 할 방향을 설정하는 것으로 생각한다. 과학 기술이 발전될수록 사라져버린 시간과 공간을 우리 앞에 생생하게 보여줄 수 있다. 그 역사를 통해 나를 이해하고 우리를 이해할 수 있다.

이처럼 역사를 보는 또 하나의 시선인 '과학'은 지금까지 우리가 알아보지 못한 숨겨진 사실을 드러내 준다. 그리고 이 시선을 통해 우리는 미래를 꿈꿀 수 있다. 그러하기에 끊임없이 질문해야 한다. 우리가 꿈꾸는 미래는 어떤 모습인가?

역사는 얼핏 보면 당장의 삶에 아무런 힘이 없어 보인다. 이미 시간은 흘렀고 우리는 앞을 보며 살아야 한다고 생각하기 때문이다. 그렇게 사람들이 역사를 오래된 것이라 여겨 주목하지 않을 때 이를 눈여겨보고 귀 기울이고 보이지 않는 의미에 주목했던 모든 연구자의 연구에 의해 이 책이 나올 수 있었다.

참으로 고맙습니다.

참고자료

"본 저작물은 아래 기관의 보도자료 등을 이용하여 작성되었습니다.
관련한 해당 저작물은 아래 사이트에서 검색 · 열람 및 무료로 다운받으실 수 있습니다.
더욱 자세한 내용을 알고 싶으신 분은 클릭으로 그 문을 두드리시길 바라봅니다."

국립문화재연구원 https://www.nrich.go.kr/
국립중앙박물관 https://www.museum.go.kr/site/main/home
국립중앙박물관 e-뮤지엄 http://www.emuseum.go.kr/main
문화재청 https://www.cha.go.kr/main.html
우리역사넷 http://contents.history.go.kr/front
한국민족문화대백과사전 http://encykorea.aks.ac.kr/

참고자료 단행본명은『 』, 논문명은「 」, 방송·기사 제목은 " "으로 표기

국립문화재연구소,『문화재 보존 처리와 접착제』, 2016.
국립문화재연구소,『문화재 지침서』, 2018.
국립문화재연구소 문화재 보존과학센터,『문화재 과학적 분석』, 2018.
김상운,『국보를 캐는 사람들』, 글항아리, 2019.
국립중앙박물관,『박물관 보존과학 이야기』, 2013.
국립중앙박물관,『보존과학-우리 문화재를 지키다』, 2016.
국립중앙박물관,『빛의 과학-문화재의 비밀을 밝히다』, 2020.
문화재보존과학센터,『방사선을 활용한 문화재 진단과 보존 처리』, 2019.
이광표,『한국의 국보』, 컬쳐북스, 2014.
서정호,『문화재를 위한 보존 방법론』, 경인문화사, 2008.
사토 겐카로,『세계사를 바꾼 12가지 신소재』, 북라이프, 2019.
사와다 마사아키,『문화재보존과학개설』, 서경문화사, 2000.
정광용,『문화재 복원 제작 기술』, 서경문화사, 2008.
히라오 요시미츠 편, 최영희 역,『문화재를 연구하는 과학의 눈』, 학연문화사, 2001.

1부. 금속

이 조그마한 금 알갱이는 몇 K인가요?

• 박선희,『고구려 금관의 정치사』, 경인문화사, 2013.
• 권향아,「삼국시대 이식의 누금기법」,『조형디자인연구』5권, 한국조형디자인협회, 2002.
• 유혜선,「경주 계림로 14호분 장식보검 금립의 접합방법에 관한 고찰」,『박물관보존과학』16집, 국립중앙박물관, 2015.
• 신용비,「신라금제품의 화학조성과 누금기술」, 공주대학교대학원 박사논문. 2021.

- 전익환 · 강정무 · 이재성, 「영남지역 출토 금제귀걸이 성분조성에 따른 유형분류와 금속재료 특성」, 『문화재』52집, 국립문화재연구소, 2019.
- "일제강점기 조선을 휩쓴 황금광 열풍", YTN 사이언스, 2015.11.11.(https://m.science.ytn.co.kr/view.php?s_mcd=0033&key=201511101354133543)
- "신라금관과 황금문화", 이한상. 국립중앙박물관-박물관역사문화교실, 2021.

청동의 두 얼굴

- 국립문화재연구소, 『현미경으로 바라 본 청동기 부식특성』, 2014.
- 국립문화재연구소, 『한반도 납동위원소비 분포도를 이용한 청동유물의 산지 추정』, 2014.
- 국립부여박물관, 2010, 『청동 거울』
- 김동환·배석, 『금속의 세계사』, 다산에듀, 2015. • 윤용현, 조남철, 보존과학회지, 2012, "청동잔무늬거울의 복원제작 기술과 과학적 분석"
- 숭실대학교 한국기독교박물관, 『다뉴세문경 종합조사연구』, 2009.
- 강대일, 「문화유산 보존의 개념과 보존이론」, 『보존과학회지』19권, 한국문화재보존과학회, 2006.
- 윤용현·조남철, 「청동잔무늬거울의 복원제작 기술과 과학적 분석」, 『보존과학회지』28권 4호, 2012.
- 이현상, 「복제기술을 활용한 문화재의 원형복원」, 『조형디자인연구』21권 2호, 한국조형디자인협회, 2018.
- "불의 검 - 청동의 시대", EBS 다큐프라임, 2021.2.15.

전설과 과학이 만나 울리다

- 나형용, 주조학회지 18, 1998, "성덕대왕신종의 주조법에 대한 고찰"
- 강형태, 김종오, 유혜선, 권혁남, 박물관보존과학회지5, 2004, "성덕대왕신종의 성분조성과 납동위원소비"
- 조영훈, 송형록, 이승은, 박물관보존과학회지, 2020" "성덕대왕신종의 3차원 디지털 기록화 의미와 모니터링 기초자료 구축"
- 황인덕, 어문연구, 2008, "에밀레종 전설의 근원과 전래"
- 성낙주, 한구군학연구, 2006, "에밀레종 전설의 정치적 독해"

조선시대에도 시한폭탄이?

- 국립진주박물관, 『비격진천뢰』, 2019
- 국립진주박물관, 『소형화약 무기』,.2019
- 국립진주박물관, 『조선무기특별전 – 화력조선』, 2021.
- 이내주, 『한국의 무기』, 살림출판사, 2013.

한국사는 업데이트 중

- 국립가야문화재연구소, 『가야인의 기술』, 2021.
- 국립중앙박물관, 2019, 『가야본성』
- 국립중원문화재연구소, 2020, 『제철유적 조사 · 분석 방법론』
- 국립김해박물관, 『말을 탄 가야- 가야마구특별전』, 2020.
- 이희진, 『가야왕조실록』, 살림출판사, 2016.
- 성정용, 역사와 담론85, 2018, "가야지역의 철 생산과 유통 양상"

2부. 토기, 도자기, 유리

로마의 유리가 경주 무덤에서 발견된 이유

- 국립경주박물관, 『오색영롱, 한국 고대 유리와 신라』, 2020.
- 김예상, 『건축의 발명』, MID, 2020.
- 강형태·조남철, 「고고자료의 자연과학응용Ⅲ - 황남대총(남분)의 일부 서역계 유리제품에 대한 과학적 특성분류」, 문화재지41, 2008.
- 김철영, 「유리의 뿌리를 찾아서」, 『한국세라믹학회지』 Ceramist 11, 2008.
- 이해순·이나영, 「유리제 문화재 복원용 광경화성수지의 물성 연구 및 적용」 박물관보존과학회지21, 2019.
- 조남철·김수철 · 김우현 · 신연식, 「평양 대추리 유적 출토 원삼국시대 대형옹에서 사용된 접착재료 연구」 보존과학회지26, 2010.
- 황현성·고민정 · 임수경 · 이다혜, 「국보 제 193호 봉수형유리병의 재보존 처리에 사용한 복원재료 선정실험」박물관보존과학지15, 2014.

장식품이 아니라 주전자라고요?

- 김정수, 「신라 기마인물형토기의 용도에 관한 소고」, 『야외고고학』 4, 2021.
- 이정근, 「신라토우를 통해서 보는 신라인의 미감에 관한 연구」, 『한국디자인문화학회지』 18, 2012.
- 최정민, 「조선후기 백자연적의 유행과 조형 특징」, 『미술사와 문화유산』 8, 2019.

무덤으로 사용된 토기

- 국립문화재연구소, 『나주 오량동 옹관의 태토 및 원료산지 분석』, 2013.
- 국립문화재연구소, 『대형옹관 태토 및 원료산지의 자연과학적 분석을 통한 유통망 복원』, 2015.
- 국립나주문화재연구소, 2018, 『다시 태어난 옹관』
- 복천박물관, 『기술의 발견』, 2003.
- 김란희·조미순·연옹·서정석·이찬희, 「나주 오량동가마와 운곡동 분묘 유적 출토 대형전용옹관의 재료학적 동질성과 제작기법 해석」, 『보존과학지』26, 2010.
- 양필승·박철원, 「대형 옹관의 제작기법 연구 : 영산강 유역 출토 옹관을 중심으로」, 『보존과학연구』26, 2005.

중국을 넘어선 청자의 도약

- 국립중앙박물관, 『고려왕실의 도자기』, 2008.
- 국립중앙박물관, 『천하제일 비색청자』, 2012.
- 국립해양문화재연구소, 최건, 「고려청자 보물선과 강진- 강진 청자의 성격과 전개」, 2009.
- 김경진·강성곤, 「강진 고려청자의 특성과 과학적 분석 연구」, 『한국공예논총, 2005.
- 노형구·김응수·조우석, 「고려청자 유물 도편의 색도에 관한 연구」, 『기초조형학연구』, 2011.
- 이영은, 「고려청자 색의 시대 : 비색청자 유약의 성분과 미세구조 분석」, 『미술자료83, 2013.
- 임헌자·이세우, 「고려시대 청자와 현대청자의 발색에 관한 비교분석연구」 『한국도자학연구』10, 2013.

숨 쉬는 토기

- 국립중앙과학관, 『전통과학 기술 조사연구- Ⅱ』, 1994.
- 이한승, 최호식, 『옹기장』, 국립문화재연구소, 민속원, 2010.
- 김문심, 「한국전통옹기의 과학성」, 『미술세계』, 2000.
- 김석호, "한국전통옹기의 통기성" 『한국콘텐츠학회논문지』10, 2007.

3부. 목재

썩지 않은 나무의 비밀

- 국립가야문화재연구소, 『선사와 고대 목기 · 목간의 최신연구 현황과 과제』, 2016,
- 국립경주문화재연구소, 『유적조사현장에서 알아야 할 모든 것-목재』, 2020.
- 국립문화재연구소, 『목재문화재 보존』, 2010.
- 김익주, 「목재문화재의 보존」, 『보존과학기초연수교육』, 2009.

백제의 수학 시간

- 국립가야문화재연구소, 『함안 성산산성 목간 발굴에서 보존까지』 2015,
- 국립가야문화재연구소, 『한국의 목간Ⅱ』, 2017.
- 국립경주문화재연구소, 『고환경 연구를 위한 발굴조사 현장 안내서』, 2019.
- 백제학회 한성백제연구모임, 『목간으로 백제를 읽다』, 사회평론아카데미, 2020.
- 정훈진, 「부여 쌍북리 출토 백제유적 출토 목간의 성격」, 『목간과 문자』 16, 2016.

핫 아이템과 함께 묻히다

- 국립공주박물관, 『무령왕릉 신보고서-Ⅵ』, 2020.
- 국립민속박물관, 『목가구 수종식별과 연륜연대』, 2004.
- 강원표, 「무령왕릉 장례과정에서 〈설치식 관〉의 검토」, 『백제학보』 38집, 2021.
- 권오영, 「동아시아 문화강국 백제의 상징, 무령왕릉」, 『한국사시민강좌』 44권, 2009.
- 김수철 · 이광희 · 강형태 · 신성필 · 한민수, 「과학적 분석방법을 이용한 무령왕릉 목관재의 옻칠 기법 연구」, 『보존과학회지』 26, 2010.

전복껍데기가 명품이 되기까지

- 국립김해박물관, 『고대의 빛깔- 옻칠』, 2019.
- 국립중앙박물관, 『보존과 복원의 세계－나전칠기』, 2019.
- 박수진 · 송정일 · 김한술 · 조아현 · 박종서, 「고려 나전국화넝쿨무늬합의 제작기법 연구」, 『보존과학회지』 36집, 2020.
- 손영학, 「경남 통영의 나전칠기」, 『향토사연구』 15집, 2003.
- 이선주 · 오카다 후미오, 「나전대모칠기에 나타나는 칠도막의 특성」, 『보존과학회지』 32집, 2016.
- 하훈, 「일제강점기 통영에서의 일본인 나전칠기 산업의 침투」, 『일본근대사학연구』 62집, 2018.

나무에 새긴 간절한 기도

- 도춘호 · 이태녕, 「고려팔만대장경 경판의 구조」『보존과학회지』 7, 1998.
- 도춘호 · 이태녕, 「고려팔만대장경 경판의 옻칠」『보존과학회지』 8, 1999.
- 이태녕, 「문화속의 과학- 해인사 팔만대장경판을 통해본 고려의 과학 기술과 보존환경」, 『과학과 기술』 12집, 2001.

4부. 지류, 직물, 회화, 벽화, 보존 환경

천마도는 진짜 말인가요?

- 국립경주문화재연구소, 『천마총- 발굴조사의 기록』, 2019.
- 이승렬·신용비·정원섭, 「천마문 출토 죽제 천마문 금동 장식 장니의 화면구도와 제작기법에 관한 연구」, 『보존과학회지』 32, 2016,
- 장용준·김종우, 「천마총출토 백화 수피제 장니의 제작과 특징」, 『동원학술논문집』 16, 2015,

종이를 발명한 중국으로 수출한 종이

- 국립문화재연구소, 『한지- 전통한지 우수성과 가능성에 대하여』, 2018.
- 국립문화재연구소, 『우리종이, 한지』 2020.
- 국립문화재연구소 문화재보존과학센터, 『한지, 전통한지의 우수성과 가능성에 대하여』, 2018.
- 국립문화재연구소 문화재보존과학센터, 『창덕궁 인정전 일월오봉도 보존 처리』, 2021.
- 문화재청, 『우리종이, 한지』, 2020.
- 이상헌, 『문화재보존과 기법』, 소와당, 2014.

황제만 사용할 수 있던 색

- 국립문화재연구소, 『안료 비파괴 분석 길라잡이』, 2016.
- 국립문화재연구소, 『천연무기안료』, 2021.
- 국립중앙박물관, 『초상화의 비밀』, 2011.
- 문화재청, 『채색문화재에 사용된 안료의 과학적 조사방법』, 2013.
- 김정자, 「전통복식에 나타난 상징성 고찰」 『한복문화학회』 5, 2002,.
- 박성실, 「조선시대 어진과 어의〉」, 『한국복식』 35호, 2016
- 박찬승, 「일제하의 백의 비판과 색의 강제」 『동아시아문화연구』 59집, 2014.
- 이상식·김수희, 「전통복식에 나타난 한국의 전통색」, 『한복문화학회』 10, 2007.
- 윤은영·강형태, 「은조사 구장복의 채색안료 분석」 『박물관보존과학회지』 15, 2014.

시간을 거슬러 다시 태어나다

- 국립문화재연구소, 『영주 부석사 조사당』, 2021.
- 김설희·문혜영·이태종·장성윤, 「부석사 조사당 벽화의 염에 의한 손상상태 연구-사방광목천왕과 남방증장천왕 도상을 중심으로」. 『고문화』98, 2021.
- 박은경, 「영주부석사 조사당 벽화의 도상과 배치」, 『석당논총』 73, 2019.
- 이화수, 「국내 사찰벽화 보존 현상에 대한 고찰」, 『강좌 미술사』 38, 2012.
- 한경순, 「한국사찰벽화의 전통재료와 제작 기술」, 『보존과학기초의 이해』, 2009.
- 한경순, 「한국사찰벽화의 보존을 위한 소고」 『석당논총』 73, 2019.

박물관이 어두운 이유

- 국립민속박물관, 『박물관과 유해생물 관리』, 2008.
- 김원길 · 김주연, 「국립중앙박물관 기획특별전'불교 조각대전'조명 연출 디자인」, 『한국공간디자인학회』 13, 2018.
- 김지원·강대일, 「박물관 조명에 관한 국내 연구 동향 분석」국립문화재연구소 『문화재』 52, 2019.
- 김지원·강대일, 「박물관 조명에 관한 국내 연구 동향분석〉 『문화재』 52, 2019.
- 신병주, 「'오대산본'《조선왕조실록》의 간행과 보관」, 『역사와 현실』 61집, 2006.
- 이승은·노현숙, 「박물관 전시 공간 조명 환경 기준 연구 I - 색온도를 중심으로」, 『박물관보존과학집』 18, 2017.

• 이승은·제이슨 길, 「박물관 전시 조명 조사 연구」, 『박물관보존과학집』 19, 2018.
• 임익균·임승덕·한규성, 「유물 공간의 종합적 유해생물관리를 위한 실시간 온습도 모니터링 및 유해생물조사 자료의 시각화」, 『보존과학회지』 37, 2021.

5부. 석조

돌멩이가 쏘아 올린 공

• 유발 하라리, 『사피엔스』, 김영사, 2015.
• 이한용, 『왜 호모사피엔스만 살아남았을까?』, 채륜서, 2020.
• 장용준·김종찬, 「한반도 출토 흑요석 원산지 연구」, 『한국고고학보』111, 2019.
• 조남철·박용희·도성재·강형태·남인탁 「성분 분석 및 자기적 특성에 의한 한반도 흑요석 분류 연구」, 『보존과학회지』16, 2004.

우리나라에서 가장 큰 석탑의 돌은 어디서 왔나요?

• 국립문화재연구소, 전라북도 익산시, 『639년부터 2019년까지 익산 미륵사지 석탑』, 2019.
• 국립문화재연구소, 전라북도 익산시, 『익산미륵사지석탑 보수정비』, 2019.
• 김사덕·이정은·이동식·이찬희, 「익산 미륵사지석탑 복원을 위한 대체석의 동질성 검토」, 『보존과학회지』 27, 2011.
• 양희제·이찬희·최석원·이명성, 「익산 미륵사지석탑 구성부재의 암석학적 특징과 석재의 원산지 해석」, 『지질학회지』 42, 2006.

치욕의 역사, 지워버리고 싶었나?

• 국립문하재연구소, 208, 『석조문화재 페인트 낙서 제거방안』
• 이주완·함철희·김사덕·이찬희, 보존과학회지25, 2009, "습포제를 이용한 석조문화재 페인트 오염물 제거기법 연구"

지진도 버틴 첨성대

• 국립문화재연구소, 2009. 『경주첨성대 실측 훼손도 평가 보조사보고서』
• 국립문화재연구소, 2014, 『석조문화재안전관리 방안 연구보고서』

한국의 보물만이 아닌 세계의 보물이 되기 위해

• 국립문화재연구소, 『울주 대곡리 반구대 암각화 발굴조사보고서』, 2015.
• 울산광역시, 『반구대 암각화 보존대책 연구』, 2010.
• 강봉원, 「반구대 암각화 조사 방법에 대한 일고찰-향후 연구방향과 관련하여」『한국암각화연구』 17, 2013.
• 신은정, 「대곡리 반구대 암각화 보존현황과 과제」, 『강좌미술사』 47호, 2016.
• 이찬희·전유근·조영훈·서만철, 「울산반구대암각화 손상도 및 사면안정성 평가」 『보존과학회지』 28, 2012.
• 이태종·오정현·김사덕, 「울산반구대암각화 보존 처리를 위한 현장적용실험」, 『보존과학회지』 33, 2012.

6부. 미래에 남겨줄 우리의 유산

박물관에 부는 디지털 바람

- 국립중앙박물관, 실감콘텐츠 체험관 안내, (https://www.museum.go.kr/site/main/archive/report/article_17548), 2020.
- 국립중앙박물관, 공존과 지속-지능형 큐레이션 플랫폼 포럼 자료집, 2022.
- 중소기업벤처기업부,『실감콘텐츠 : 중소기업 전략기술로드맵(2022~2024)』, 진한엠앤비, 2022.

문화유산를 지키는 또 다른 방법

- 문화재청,『문화재 방재력 강화 사물인터넷 기술적용 방안 마련 연구용역보고서』, 2018.
- 매일경제 IoT 혁명 프로젝트팀,『사물인터넷』, 매일경제신문사, 2014.
- 정용택,『사물인터넷, 스마트센서로 정복하다』, 유페이퍼, 2016.

사라진 문화유산이 되살아나는 마술

- 국립익산박물관,『백제의 빛, 미륵사 석등』, 2021.
- 이해순·위광철,「3D 프린팅을 이용한 백자수주의 복원연구」『박물관보존과학』 16집, 2015.
- 현대불교신문, 2014, 탑의 진화 26회-백제의 불탑(2) (http://www.hyunbulnews.com/news/articleView.html?idxno=282091

전통을 다시 꿈꾼다

- 문화재청,『중요무형문화재 제4호- 갓일』, 화산문화, 2001.
- 문화재청, 국립문화재연구소,『숭례문 화재 피해현황 및 수습 보고서』, 2008.
- 문화재청,『전통기법으로 다시 태어나는 숭례문』, 2010.
- 최종덕,『숭례문 세우기』 돌베개, 2015.

기록의 DNA, 인류세 우리는 무엇을 남길 것인가?

- 사이먼L루이스, 마크A메슬린,『사피엔스가 장악한 행성』, 세종서적, 2020.
- 클라이브 해밀턴,『인류세』, 이상북스, 2018.
- 최평순,『인류세:인간의시대』, 해나무, 2020.
- “인류세”, EBS 다큐프라임, 2019.6.17.~6.19.(https://home.ebs.co.kr/docuprime/newReleaseView/378)

과학으로 보는 문화유산

초판 1쇄 발행 2022년 10월 30일
초판 2쇄 발행 2023년 6월 10일

지은이 신은주

기획편집 도은주, 류정화
마케팅 박관홍

펴낸이 윤주용
펴낸곳 초록비책공방

출판등록 2013년 4월 25일 제2013-000130
주소 서울시 마포구 월드컵북로 402 KGIT 센터 921A호
전화 0505-566-5522 팩스 02-6008-1777

메일 greenrainbooks@naver.com
인스타 @greenrainbooks @greenrain_1318
블로그 http://blog.naver.com/greenrainbooks
페이스북 http://www.facebook.com/greenrainbook

ISBN 979-11-91266-60-3 (03900)

어려운 것은 쉽게 쉬운 것은 깊게 깊은 것은 유쾌하게

초록비책공방은 여러분의 소중한 의견을 기다리고 있습니다.
원고 투고, 오탈자 제보, 제휴 제안은 greenrainbooks@naver.com으로 보내주세요.

※ 이 책은 한국출판문화산업진흥원의 '2022년 인문 교육 콘텐츠 개발 지원 사업'을 통해 발간된 도서입니다.